György Sebestyén

Burgenland, wo sich die Wege kreuzen

Mit sechzehn Farbtafeln nach Gemälden von Gottfried Kumpf

Edition Roetzer Eisenstadt

Den burgenländischen Freunden
und vor allem
Theodor Kery
in Dankbarkeit.

Frühherbst in Eisenstadt

Wenn der herbstliche Jahrmarkt in Eisenstadt allmählich ruhiger wird und die Käufer sich zum Mittagessen zerstreuen, zuckt ein helleres Licht durch die bereits fast menschenleeren Straßen, erlischt dann, und nun liegt ein mildes, nebliges Gelb auf all den schmalen Fassaden, ein mattes Altgelb, wie von beinahe unsichtbarem Spinnengewebe durchzogen; und die Blätter beginnen zu fallen; und aus der Gegend der Orangerie sickert hinterlistig die Kühle herab; und während da und dort über den Verkaufsständen die leichten Kleider noch flattern, sich noch aufblähen, wie im Tanzschritt noch um die eigene Achse kreisen, ist der Sommer plötzlich zu Ende gegangen.

Lustlos und sehr ermattet sitzen die Kaufleute da, blikken vor sich hin und zugleich in die Tiefe eines kommenden Winters, und beinahe wären sie nun so weit, sich zu fragen, ob es denn einen Sinn hat, von Dorf zu Dorf, von Stadt zu Stadt zu ziehen und in Nachbarschaft der Supermärkte alles auszupacken, in schönem Arrangement anzubieten, das Verbliebene wieder zu verstauen und dann auch die Verkaufsstände auseinanderzunehmen, Stück für Stück, bis der ganze Zauber plötzlich verschwunden ist — aber die Frage wird nicht ausgesprochen, wird nicht einmal gedacht, bloß eine merkwürdige Ahnung gleitet unformulierbar durch das Bewußtsein, und dann gähnt jemand und ein anderer hebt eine Bluse hoch und läßt sie wieder fallen und vor dem Toreingang versetzt ein dicker Mann dem fetten Kater einen Tritt, so daß dieser sich zurückzieht, ohne zu heulen, zurück, heiser fauchend in die Feuchtigkeit des Kohlenkellers. Erst zwischen drei und vier Uhr nachmittags kommen die Menschen, wenn überhaupt, wieder hervor, blinzeln im ungewohnten Licht, das an Stärke verloren hat und dennoch blendet, erinnern sich an das Mittagessen und an den kurzen Mittagsschlaf, der sie unruhig werden ließ, denn inmitten wohlgeordneter Träume waren auf einmal merkwürdige Gestalten erschienen, längst verstorbene Tanten, die man nur vom Hörensagen gekannt, aber niemals gesehen hat, und nun waren sie da und hatten bestürzend fröhliche Gesichter, so als wären sie selbst lebendig: als Beweis dafür, daß diejenigen, die sich für lebendig halten, tot seien. In diesem Augenblick versuchten die Schlafenden aufzuwachen, sprangen auf die Beine, rieben sich die Augen und spürten plötzlich, daß sie um einen Zwetschkenknödel zu viel gegessen hatten; und nun gingen sie ruhig und würdig in den Nachmittag hinein und blinzelten nur, und grüßten einander, wie es sich gehörte, und freuten sich insgeheim, daß sie doch weniger tot waren als lebendig.

Die Götzenbilder der Esterházy in ihren Nischen oberhalb der Schloßfassade wenden die blicklosen Barbarengesichter dem Herbst zu, heldenhaft versteinert, düster, verwegen: komme da, was kommen mag, man ist Türken gewöhnt und Exkremente von Tauben, man hat auch die begehrtesten feinen Damen überdauert, die hier den Saum ihres seidenen Rockes über den Gartenweg gezogen hatten, während sich hundert Schritte weiter, in seiner Dachkammer der hoffnungslose Hofierer gerade den Schädel zerschoß — aber die Dame erfuhr es nicht, erfuhr es nie, denn der Rasende war außerdem auch noch verschuldet, so fand sich ein guter Grund für die Tat. Ein Geräusch hörte sie bloß, was mochte es wohl gewesen sein, und dann war es auch schon vorüber und auch aus dem

Gedächtnis gefallen, während unter den dünnen Schuhsohlen der Kies immer noch knirschte.
Durch die Gassen der ehemals selbständigen Judengemeinde Unterberg wandelt der Schatten des weisen Rabbiners Reb Meier ben Itzig; aus einer meistens unbemerkt bleibenden Nische des Wertheimerhauses ist er hervorgetreten und schwebt nun die Mauern entlang, denn einmal im Jahr geht er den Franziskanerbruder Felix Nierinck besuchen, der etwas weiter oben einen künstlichen Berg erbaut hat mit künstlichen Höhlen und Gängen, mit schmerzhaft lebendigen Darstellungen aus dem Leben und Leiden jenes Jesus von Nazareth, in dem Reb Meier ben Itzig einen entfernten Verwandten erkannte. Auf den Brüstungen, Dächern und Pfeilern hokken Engel und Putti und blicken auf die beiden Schatten herab, die sich nun wortlos unterhalten an diesem einzigen Tag im Jahr, an dem sie einander treffen, um sich angesichts des herannahenden Winters über die Beständigkeit von Gottes Schöpfung zu vergewissern. Der wundersame Berg des Felix Nierinck steht, die Gemeinde des Reb Meier ben Itzig hat sich zwar auf den Gefielden des Todes und des Lebens zerstreut, aber existiert weiter im Geiste, und nun tritt noch ein dritter Mann herbei, der Schatten eines Mannes, der gewöhnlich in der benachbarten Kirche zur Heimsuchung Mariens sich die zeitlose Zeit vertreibt: Joseph Haydn aus Rohrau steht neben den beiden anderen unsichtbaren Herren und wiegt leicht den Kopf, wiegt ihn nicht, um Zweifel anzudeuten oder etwas zu verneinen, sondern, weil er diesen Kopf von seinem Tode im Jahre 1809 an bis zum Jahre 1954, also volle 145 Jahre hindurch nicht besessen hatte. In einem Glaskästchen der Gesellschaft der Musikfreunde war dieser Kopf in Wien ausgestellt gewesen, zögernd trennten sich die Knochenfreunde vom Kult eines geistigen Kannibalismus, gaben dann dem Komponisten seinen Schädel doch noch zurück, und also darf er nun bei dem herbstlichen Rendezvous auf der Mauerkrone mit Kopf erscheinen; und während am Kalvarien-

berg vorbei die Autos in die Stadt hinein- und aus der Stadt hinausrasen, summt über dem herbstlichen Geplauder der drei ehrenwerten Gespenster ein leiser Haydnscher Wind.

Lautlos fluten die herbstlichen Lichter durch den tiefen lilafarbenen Schatten der Gärten, und die gerade reif gewordenen Nüsse fallen von den Ästen und springen aus ihrer weichen Umhüllung ins Gras. Vom Leithagebirge strömt nachts der Geruch feuchter Erde, auch modern bereits die ersten herabgefallenen Blätter am Rande der Bäche, und in den Mulden liegt bis in den Vormittag der schüttere Nebel und läßt leichte Feuchtigkeit an den Zweigen zurück, bereitet den Boden vor für die befruchtende, gleichsam schmatzende Fäulnis, und wenn er endlich aufsteigt, bleibt in der Luft ein leichtes Flimmern zurück, so daß man für den Bruchteil einer Sekunde glauben könnte, Schneeflocken zu sehen. An der Straße nach Mattersburg, wo die Stadt zu zerbröckeln scheint und offenbar planlos in die Ebene hineinwächst, in all den Werkstätten und Warenhäusern, Fabrikshallen und Baracken ist man nun etwas versonnen bei der Arbeit, prüft, aufblickend, den Horizont gegen Osten, wo an manchen Tagen schroffe dunkelblaue Berge zu sehen sind, zuweilen vielleicht mit weißen Flecken gesprenkelt — man sieht das nicht ganz genau, vielleicht liegt da drüben noch Nebel in Felsspalten, vielleicht aber ist in der vergangenen Nacht bereits Schnee gefallen, Schnee; man blinzelt in das frühherbstliche Licht und fühlt bereits die Kälte in den Knochen und glaubt, die kahlen Felder zu sehen, über denen dicke Dohlen kreisen im eisigen Wind. Auch die Geschmäcker des Winters sind plötzlich am Gaumen zu spüren, und durch das Geratter der Maschinen hindurch brutzelt in schwarzen Pfannen die Blutwurst, und der noch weiter vorwärts dringende Geruchssinn wähnt, die Honigsüße der Lebkuchen zu wittern und den Duft der alten Weine, die nur zur Winterszeit entkorkt werden dürfen. Die Halluzination dauert nicht lange, schon kehren die Autoverkäufer und Buchdrucker, die Kassenmädchen des Supermarktes und die Mechaniker der Werkstatt in ihre Geschäfte zurück, doch bleibt ein Rest Ahnung im Bewußtsein hängen, und plötzlich wird überall scheinbar jäh der Gedankengang oder auch der Gesprächsstoff gewechselt. Inmitten der sachlichen Debatte blickt der Autoverkäufer seinem Kunden ins Gesicht und fragt ihn, ob er während der Weinwoche auch nur einen einzigen Tag nüchtern gewesen sei und wenn ja, so warum; die Mädchen hinter der Kasse zücken ihre kleinen Spiegel und überprüfen plötzlich ihr Make-up, als hörten sie bereits die Musikkapelle jenes Balles spielen, den sie während des Winters besuchen würden in Begleitung jenes jungen Mannes, der sich seit einiger Zeit sachte nähert und so derbe Witze nur macht, um seine Verwirrung zu verbergen; und in der Druckerei wird über die Papierschlangen der Fahnenabzüge hinweg über ein ganz bestimmtes Gasthaus gemunkelt, über einen ganz bestimmten Wein in einem ganz bestimmten Keller — denn dorthin wird nun das Denken verlockt durch die Aufschriften, die gerade erst neben den Eingängen der Schankhäuser erschienen sind und das Vorhandensein von „Sturm“ verkünden.

Der frühe Herbst in Eisenstadt ist die Zeit der frischen Nüsse und des Sturmes, den man bei besonders verwegener Laune auch mischen kann, mischen mit Most für die Mädchen, mit Wein mischen für die Männer — alte Rezepte werden jetzt hervorgeholt aus dem Gedächtnis, durchprobiert und abgeändert, denn das Trinken von Sturm bedeutet jedesmal Improvisieren: dieses Mittelding zwischen Most und Wein ändert sich täglich und manchmal sogar stündlich, und also muß der nachdenkliche Trinker prüfen und wägen, die Geschmäcker auskosten, ihre geheime Bedeutung untersuchen — auch hinsichtlich der Zukunft, denn der Sturm müßte auch einiges über den heranreifenden Wein verraten und über die Beschaffenheit eines zukünftigen Novemberrausches. Am schönsten ist es, zum Verkosten des Sturmes nach

Sankt Georgen hinüberzuwandern, und in der Tat sieht man da und dort kleine Gruppen, die den kurzen Fußmarsch dem Autofahren vorziehen, auf diese Weise die Vorfreude behüten und auch die Zahl der Verkehrsunfälle zu senken helfen. Andere Unfälle des menschlichen Verkehrs sind weder vorauszusehen noch zu verhindern, zum Beispiel, daß zwei Menschen nach dem dritten Glas Sturm einander plötzlich besser verstehen, einander ewige Freundschaft schwören, oder — falls ein Mann den Eindruck gewonnen hat, in der Nähe einer Dame seine längst verlorene Selbstsicherheit zurückgewonnen zu haben — hineingleiten in eine vieldeutige, komplizierte und atemberaubende Hofiererei. Nachdenklich stochern die Liebenden in den Grammeln und glasig sind ihre Blicke, während sie schwankend in das Tageslicht hinaustreten und sich unsicheren Schrittes heimwärts tasten: hinein in die Einsamkeit ihrer eigenen Träumereien, aber in der Hoffnung, sich im Herbst, der nun kommen würde, an einander zu wärmen. Andere jedoch sitzen weiterhin allein an ihren Tischen, erdolchen das Stück Speck, das auf ihrem Teller liegt, machen einen Schluck aus dem Glas und lassen sich selber leben. Zähnefletschend warten sie auf den Winter, ergrimmt, zu allem entschlossen, frei — und verloren.

Das Beispiel Schloß Kittsee

Vor ein paar Jahren im Sommer war ich zum letzten Mal in diesem Park gewesen vor der Schloßfassade mit den vier gedrungenen Burschen aus Stein, die einen breiten Erker tragen, so wichtigtuerisch und gequält, als trügen sie die Welt auf den muskelbepackten Schultern. Eine locker angelehnte Gittertür, die sich in den Angeln lautlos bewegte, hatte den Weg freigegeben zur staubigen Rasenfläche, die grau war und von Unkraut durchwuchert, ein kleiner gelber Hund war keuchend herbeigelaufen, demütig fast, um Freundlichkeit bettelnd in der knirschenden Hitze; und gegen Nordosten, jenseits der Donau, stand Burg Bratislava auf dem kahlen Hügel, Burg Preßburg oder Pozsony: ein etwas unförmig geratener Würfel mit vier allzu schlanken Türmchen an den Ecken: riesiges Lagerhaus kampfbereiter Truppen, schwere Galeere, hier, über dem Felsen von Theben gestrandet unter blaßblauem Himmel. Jetzt, im nebligen Februar, ist die Burg dort drüben freilich nicht zu sehen, aber der Anblick bleibt unvergessen, die mächtige Kiste aus Stein liegt irgendwo oben und bestimmt die Proportionen, die wir fühlen, ohne sie wirklich zu sehen. Geduckt erscheint alles: auch die tatsächlich niedrige Mauer des Parkes, auch der alte Judenfriedhof jenseits der kahlen Sträucher, auch das Schloß selbst. Kittsee war mit Preßburg verbunden und nicht nur durch die drei Bögen der alten Donaubrücke, die hier bereits 1570 von einem Wolf von Puechhaimb erbaut worden ist und auch nicht nur durch die doppelte Lindenallee, die vom Eingang des Schlosses gerade auf die Burg zuführte, nein: Kittsee war Preßburgs Vorraum gegen Wien, war jenes Schloß, in dem sich die Herren versammeln durften, um auf die Ankunft ihres gewählten und in Preßburg nun zu krönenden Königs zu warten; warten selbstverständlich Tage und Wochen hindurch, denn man hatte ja einiges zu bereden, eigene Hauspolitik zu betreiben, zu tafeln, tagsüber ein wenig zu jagen, nachts zu bechern: hier waren die Großen des Königreiches versammelt in der noch aus Asien stammenden Gleichheit der alten Geschlechter und bei der feierlichen Einholung des neuen Herrschers auch mit dem schweren Schmuck des byzantinischen, kaukasischen, weit in den Turan hineinreichenden Geschmackes beladen. Man befand sich hier auf dem flachen Land, verhältnismäßig ungeschützt, aber im Hintergrund lag Burg Preßburg, lag die Befestigung auf dem Thebener Felsen; in der Stadt warteten Bäcker und Schneider, Gastwirte und Stiefelmacher, Weinhändler und Juweliere, Falschspieler und Geldverleiher, warteten Bürger und Lakaien, aber auch die paar Intellektuellen, die die Bücher zu behüten hatten und die Schriftstücke tatsächlich entziffern konnten; auch warteten freilich im struppigen Auwäldchen verborgen die Scharen der Bettler, der Räuber und der Diebe — und die verschwiegenen Messerschmiede hatten Hochbetrieb in ihren rußigen Kellern. Aus all dem ist manches erhalten geblieben, zum Beispiel die optische Verbindung zwischen Burg und Schloß, zwischen der Stadt Preßburg und der kleinen Ortschaft Kittsee. Und erhalten geblieben sind Gegenstände, die alle aus dem europäischen Südosten stammen und die prachtvolle Vielfalt des Träumens sinnfällig machen, dieses Träumens, das wundersame Ornamente schuf und symbolbeladene Fabeltiere, erstaunlich praktische Geräte und erstaunlich unpraktische Gewänder, kurzum: erhalten geblieben im Schloß Kittsee

der Geist, der hier zuerst wahrscheinlich im 14. Jahrhundert fühlbar geworden war. Bereits ein Dokument aus dem Jahr 1363 erwähnt an dieser Stelle ein „Castrum".
Schloß Kittsee ist heute Museum. Dieses Wort ist unserem Fühlen fürwahr ambivalent, spricht in einer altertümlichen, ja vielleicht bereits toten Zeichensprache der Musen, verspricht alte oder altertümliche Kunstwerke oder Gegenstände, und zwar in belehrender Absicht geordnet, von Fachleuten für Fachleute dargeboten, vor der Vernichtung für eine Existenz in Langeweile hinübergerettet; zugleich hat aber das Wort Museum auch noch einen anderen Klang: es verrät etwas von der Abenteuerlichkeit der Entdeckung, es läßt eine Zusammenschau erhoffen, die uns plötzlich, wie auf einen Schlag, bisher verborgene Zusammenhänge begreifen läßt, es erinnert uns an Begegnungen mit Gemälden von ungebrochener Zauberkraft, so daß wir angesichts einer Figur, einer Landschaft oder auch nur angesichts einer ganz bestimmten Farbschattierung einen bisher unbewußten Charakterzug unseres Wesens erkennen. Ein Museum kann langweilig und tot, es kann aber auch voll packender Vitalität sein, und die Wirkung hängt nicht nur von den Beständen ab, sondern auch von der Leidenschaft, vom Können und vom guten Geschmack der Museologen, ja, manchmal nützen die größten Schätze nichts, denn die Ausstellung selbst macht den Genuß und das Verständnis der Exponate nahezu unmöglich. Im Jahre 1966 hatte ich in Kairo das große Glück, das ägyptische Nationalmuseum zu besuchen, sah auch die Schätze des Tutanchamun, doch alles lag in staubig verglasten Kisten, in dicht aneinandergedrängten Vitrinen, oft halb im Schatten oder im augenblendenden Licht eines gleißend in den Raum reflektierten Sonnenstrahles. Schläfrige Wärter dösten in der stickigen Luft. Man kann es auch anders machen. Die Schätze Ägyptens waren im British Museum in einer vorbildlichen Ausstellung zu sehen; das skythische Gold aus den Beständen der Leningrader Eremitage wurde in New York im Metropolitan Museum in

exemplarischer Weise gezeigt; und beispielhaft ist auch dieses Museum in Kittsee. Freilich: mit Kairo, London, Leningrad oder New York verglichen ist die Ausstellung bescheiden. Sie befindet sich auch noch im Aufbau, denn weitere Räume des Schlosses werden ausgebaut, weitere Gegenstände aus dem Depot werden gezeigt. Aber man hat den Eindruck: in diesem östlichsten Schloß Österreichs wirken das richtige Konzept und der richtige Mann.
Das Museum von Kittsee sammelt und zeigt Volkskunst der Slowaken und der Ungarn, der Serben und der Kroaten, der Bulgaren und der Rumänen, doch reicht die Sammlung bis ins Russische, und es könnte auch griechische, mazedonische, ukrainische Volkskunst aufgenommen werden. Die Albaner sind bereits vertreten. Einen besonderen Platz hat die Keramik der Habaner, jener protestantischen Christen, die vor den Verfolgungen hierher geflohen sind, hier in großen Gemeinschaften gelebt und eine besondere Kunst entwickelt haben — geistige Verwandte der Waldenser und der Albigenser sind sie, Verwandte auch der legendären Bogumilen. Man nannte sie eigentlich „Mährische Brüder“. Sie sind im 17. Jahrhundert aus Böhmen eingewandert und haben sich in den damaligen Komitaten Preßburg und Trentschin niedergelassen. „Sie waren sehr industriell“, so steht es in Meyers Konversations-Lexikon, 1889, zu lesen, „und verfertigten namentlich irdenes Geschirr, Messer, Klingen, Stroh- und Lehmdächer, und so weiter.“ Ja, sie verfertigten irdenes Geschirr, da sie sich an die Vorschriften der Bergpredigt halten wollten und sich weigerten, Kriegsdienst zu leisten oder ein Staatsamt zu übernehmen: sie standen außerhalb der im 18. Jahrhundert immer noch einigermaßen geschlossenen hierarchischen Ordnung und also wurden sie durch die praktische Notwendigkeit zum Handwerk geführt. Allerdings gewinnt dieses Handwerk durch die sittliche Einstellung der Habaner seine Vollkommenheit. Auch in der Töpferei entspricht der ästhetische Wert dem Charakter, das

heißt, der Fähigkeit und der Bereitschaft, sich von Wirtschaftlichkeit und materiellem Interesse loszulösen und an eine Metaphysik zu glauben oder an eine Utopie. Adolf Mais heißt der beste Kenner der Habaner-Keramik in Österreich, und gerade er ist nun Museumsdirektor in Kittsee: Hausherr und Forscher, Mann in der Werkstatt und zugleich Mann des Archives, in Wien daheim und in Kittsee zu Hause; er führt sein Museum immer noch ziemlich allein.

Solche Menschen sind es, die ohne viel Aufsehen die Existenz der Kultur sichern: irgendwo in der Stille eines Parks oder in der Enge einer Studierstube; Menschen, die bei den verschiedenen Kongressen und Symposien nur selten erscheinen, da sie Wichtigeres zu tun haben als zu reden und reden; Menschen, die ihr Wissen nur zögernd publizieren, grüblerisch und bedächtig, dem Werk viel enger verbunden als den Launen der Zeit; Menschen, die in ihrer lautlosen Behutsamkeit verhindern, daß wir durch das unbarmherzige Geschäft und die unbarmherzige Ideologie geistig vernichtet werden — denn auch das Beispiel dieser Mährischen Brüder, dieser Habaner zeigt uns, daß man nicht tun soll, was sich auszahlt, sondern tun soll, was man glaubt, tun zu müssen; denn worin waren sich all diese Gruppen einig, diese Arianer, Waldenser, Albigenser, Bogumilen, Mährischen Brüder? Daß sie ihren eigenen Weg gehen, unabhängig vom sogenannten Zeitgeist, unbekümmert über die Einstellung der gerade herrschenden Macht — ausweichend, meisterhaft im Rückzug, zurückweichend in die Stille, in das Unfaßbare der Machtlosigkeit, in die Tiefe der menschlichen Gesellschaft und also in die eigentliche und unzerstörbare Sphäre der geistigen Existenz. Wenn es also, zum Beispiel, in Kittsee, jemanden gibt, der uns die Botschaft der Habaner aus ihren Schriften und aus ihrer Keramik entziffern kann, bleibt uns dieses Beispiel erhalten: als lebendige Stärkung, ja auch als Bestärkung unseres hartnäckigen, so oft unverstandenen Wollens. Das Beispiel hat Explosivkraft, ist aber museal getarnt:

auch in dieser hübschen Finte offenbart sich der listige Geist des Ortes.

Für diese erste Zeit des Aufbaues hat das Museum und sein Leiter fürwahr mehr als genug getan. Wohlgeordnet, wohlverwahrt liegt die Sammlung hinter den grauweißen Mauern des breiten, stämmigen, unverwüstlich wirkenden Schlosses, hinter winterlichen Bäumen, umgeben von der kahlen Umfriedung des Parkes und vom schütteren Nebel eines feuchten Winters. Manchmal schwebt eine kopflose Gestalt durch Nacht und Nebel: ein gewisser Graf Ladislaus Listy, einst Herr und Besitzer des Schlosses, Poet und Mörder, Philologe und Giftmischer, Gelehrter und Geldfälscher, der im Jahre 1663 geköpft worden ist. Er war ein schlechter Dichter, aber ein guter Verbrecher. Er erscheint nur selten und verschwindet bald. Danach treibt der Nebel von der Donau her in milchigen Schwaden auf das Schloß zu, und die Stille ist so tief wie in den Träumen eines tauben Mannes, der aufschreckt, weil er seinen Herzschlag gehört hat.

Blaues Lusthaus Öl auf Holz, 50×65 cm, 1964

Drei Weiblein

Öl auf Holz, 46×56 cm, 1976

Heimkehr in Edelstal

Sandgelb ist der Sommer gewesen, hell und trübe zugleich: eine Zeit der bei Tageslicht umherschweifenden Gespenster. Verschleierte Bäume standen am Rande der Wiesen, die mattgrün waren und vom zähen, dünnblättrigen Unkraut bewachsen, das gegen Abend unter dem hohen, falbenen Himmel grau glänzte wie aus gepreßtem Metall. Wenn sich in der schwülen, nicht voll ausbrechenden Hitze ab und zu die Luft trocken bewegte, dann klirrten irgendwo die gesprungenen Fenster eines baufälligen Hauses, und ledern gewichtig knirschten die bunten Fähnchen über dem Eingang in den Laden des Eisverkäufers. Staub stieg von den Straßen. Etwas sollte geschehen, aber es geschah nicht; etwas wollte losbrechen, aber es überwand offenbar jenen Punkt nicht, an dem es den unsichtbaren Dingen gelingt, als Erscheinungen hervorzutreten; etwas reifte heran und wurde doch nicht reif, blieb im Zustand der starr grinsenden Jugendlichkeit mumifiziert. Auch die Gewässer sickerten tückisch unter dem schlammigen Boden tiefer Rinnen, und jedes Karussell quietschte am frühen Nachmittag unter den wenigen und bereits erheblich angetrunkenen Besuchern des Kirtags.

Nicht alle spürten den Druck. Manche waren durch stramm eingeübte Rücksichtslosigkeit unempfindlich geworden für Bilder und Zeichen; andere berauschten

sich mit dem Aberglauben einer falschen, an Rechenmaschinen geketteten Wissenschaft; und die dritten wollten ihren ungetrübten Blicken nicht glauben, trugen ihre bangen Herzen zum Arzt, der keinen Fehler finden konnte, denn die Ursache des Druckes lag nicht im Vegetativen, sondern in der zwischenmenschlichen Atmosphäre; und die vierten und fünften lebten über die Angst hinweg, da sie gerade Ferien hatten und die arbeitsfreie Zeit nützen wollten: schnaufend noch den letzten Genuß aus dem Tag quetschten, um sich dann, von so viel Freizeitarbeit ermüdet, endlich schlafen zu legen.
Manche aber waren unterwegs, um sich einen sicheren Ort zu suchen für die nahende Zeit der Einsamkeit, die rund um den Menschen in der Stille wuchs. Von den Flüchtenden früherer Jahrhunderte wurden sie empfangen, von den Spuren einer längst verschwundenen Angst, die sich seinerzeit festgekrallt hatte im Schutz eines Berges, hineingebohrt hatte in das Erdreich, Türme und Mauern errichtet hatte aus klobigem Stein, ja, die alten Verstecke und Schlupfwinkel öffneten sich plötzlich: der ziellos Umherstreifende befand sich auf einmal in der Mitte des Labyrinthes, war in das Geheimnis des leisen Überlebens aufgenommen worden, war mit den früheren Baumeistern der schöpferischen Furcht im *genius loci* vereint. Wo?
Für mich war dieser Augenblick im nördlichen Burgenland gekommen, an einem warmen und heiteren Tag, in Gesellschaft. Wir waren von Wien aus nach Hainburg gefahren und gleich hinauf auf die Kuppe des Braunsberges, hinüberblickend auf den blauen Höhenzug der Kleinen Karpaten, und über das Moosgrün der saftigen Auwälder hinweg in die Weite des Marchfelds; doch noch mehr wurde der Blick vom dichten Gestrüpp angezogen, von den Ruinen steinerner Wachtürme im stacheligen Gebüsch, südlich der Preßburger Straße. Wir fuhren hinunter, fuhren auf Kittsee zu, spürten: das hier war uraltes Grenzland, bebaut, aber doch wieder bereit, sprießend zu verwildern. Rodungen waren hier niemals

endgültig gedacht, und die Regulierung der Gewässer schien mit der geheimen Einsicht erfolgt zu sein, eine spätere Überflutung könnte das Vordringen eines zukünftigen, vielleicht noch gar nicht geborenen Kriegsvolks aufhalten.
Daß hier Grenzwächter aus dem asiatischen Stamm der Petschenegen gehaust haben, ist bekannt. Man weiß auch, daß sich der Ort für Friedensverhandlungen zwischen Westen und Osten eignete; Mißtrauen ließ die westliche Seite nicht weiter vordringen, Mißtrauen hielt auch die Leute des Ostens zurück.
Im Jahre 1198 haben sich hier Kreuzritter versammelt. 1264 wurde hier Kunigunde von Brandenburg mit dem ungarischen Thronfolger verheiratet. Kaum dreißig Jahre später wurde hier die sogenannte Güssinger Fehde mit einem Friedensvertrag beendet. Papst Sixtus IV. wollte von hier aus zwischen Kaiser Friedrich III. und Matthias Corvinus vermitteln. Im Jahr nach der Schlacht von Mohács, 1527, empfing hier König Ferdinand eine Gesandtschaft seines Widersachers Johann von der Zips, und 1683, zu Beginn des großen Türkenkrieges, hielt Kaiser Leopold hier eine Heerschau seiner Truppen ab. Wo aber war das Volk?
Wir fuhren weiter, bogen nach rechts ab, fuhren zwischen allmählich ansteigenden Äckern auf den Hundsheimer Berg zu, fuhren an der sogenannten Römerquelle vorbei und durch die Hauptstraße der Ortschaft Edelstal, denn irgend jemand hatte irgendeinmal von einer Kellerstraße gesprochen, die hier, knapp am Dorfrand liegen sollte, menschenverlassen, im Schatten alter Bäume, zum Einlagern von Wein kaum mehr benützt.
Da war sie schon: die Kellergasse von Edelstal. Links und rechts führten Treppen unter die Erde hinunter. An manchen Stellen war das Erdreich vom steinernen Gewölbe gerutscht, und das sah aus, als sähe man da und dort das bloße Knochengerüst im Pelz eines toten Tieres. Alle Keller waren fest verschlossen. Unkraut verwuchs die Türen; Rost hatte die Angeln in dunkle, längst un-

bewegliche Klumpen verwandelt; dicke Querbalken festigten die zerfurchten Bretter. Die Keller waren wehrhaft aneinandergereiht, bildeten Ecken, hinter denen man sich verstecken konnte, gaben die Aussicht frei, verbargen aber den Späher. So hat man vor mehr als dreitausend Jahren in Mykene gebaut, kräftig, zweckmäßig, auch im kleineren Maßstab monumental. Zweihundertfünfzig Generationen trennen uns von jenen längst verschwundenen Archäern, doch ist das Bauprinzip erhalten geblieben: nicht etwa der Stil jener sagenhaften Figuren des trojanischen Krieges, sondern die Notwendigkeit der Selbsterhaltung und die Entschlossenheit zu überleben. Die Kellergasse von Edelstal offenbarte sich in dieser hellen Stunde als Teil eines bescheidenen Festungssystems, als Schlupfwinkel für die Bewohner dieses Grenzlandes, denn ob die Herren Kreuzritter waren oder Hochzeitsgäste, ob sie Friedrich hießen, Matthias oder Ferdinand, ob sie als Krieger kamen oder zum Friedensschluß: für die Bevölkerung des geduckten Bauernlandes waren sie gefährlich. So flüchtete man vor Freund und Feind, flüchtete zu den Weinfässern, flüchtete unter die Erde. Die Sprache hat den Vorgang in einer Redensart verdeutlicht: „Als wären sie von der Erde verschluckt worden."

Da standen wir also in der Kellergasse. Und hatten Petschenegen vergessen und Awaren und alle Heerzüge dieser Welt, horchten nur in uns hinein. Die Stille wuchs, und die Unruhe schwand. Vielleicht flogen die Reiter der Apokalypse über unsere Köpfe hinweg, und verschonten uns hier, an diesem allerletzten Fluchtort, der uns noch geblieben war: in diesem Versteck, das von all den unsichtbar gewordenen Flüchtlingen dieser letzten paar hundert Jahre verteidigt wurde, still, zäh, verbissen. Ein Vogel schrie. Im wild wuchernden Gras lagen die grauen Steine wie die versteinerten Gesichter toter Männer, deren Bärte längst mit dem Wurzelwerk verwachsen waren. Hier, durch die Einheit der Zeit mit jenen Toten verbunden, war man endlich daheim.

In einem Schankhaus in Sankt Georgen

Verrückt ist im Jahre 197* der Dezember. Schneeberge fallen vom Himmel, weich und lautlos, bedecken für einige Stunden die noch rötliche, noch herbstlich warme Erde, um plötzlich zu zerfallen, zu zerrinnen, zu versikkern in den Spalten des Bodens, der in diesem Jahr nicht zur winterlich starren Ruhe kommen kann, sondern zu arbeiten beginnt: ja, im Dezember kochen die Säfte rund um die Wurzeln; Lebendiges steigt empor; und an einem Morgen sind am Fliedergebüsch kleine hellgrüne Knospen erschienen, straffe Spitzen über raschelnden Blättern! Im warmen Nebel waten behäbige Männer mit Schirmmützen über morastige Wiesen, und unruhig bellen die Hunde im schattenlosen Licht. Junge Beamte entdecken, daß sie über den Sommer herzkrank geworden sind; sie besuchen die Gräber ihrer Großväter und denken über den Tod nach, der ihnen bis dahin nicht einmal nach durchsoffenen Nächten erschienen ist; Landesväter verwandeln sich in Landeskinder und lallen hilflose kleine Sentenzen vor sich hin; und die Stopplichter der Automobile sehen, von schmutzigem Dunst umrandet, genau so aus wie die Augen von verkühlten Menschen, die in ihrem Leben viel Böses getan haben und nun, von Rotz und Wasser geschlagen, hinter endlosen Taschentüchern büßen müssen.

Wohin könnte man fliehen in solchen Zeiten? Menschenleer sind die Weinberge, ausgestorben die Seeufer, gespenstisch die Alleen; Feuchtigkeit rinnt körnig an grünlichen Fensterscheiben; und selbst noch die Geschäftigkeit wirkt zu heftig, zu nervös, zu spannungsgeladen. Man ziehe sich in solchen Zeiten nach Sankt Georgen zurück.

Ja, zurückziehen: das ist das richtige Wort. Hell ist noch die Hauptstraße von Eisenstadt, doch gleich hinter den Fassaden wächst die Abenddämmerung, verdichtet sich, steigt zum Schloßpark empor; und wie ein verlassenes und vergessenes Luxusschiff auf sonderbarer Anhöhe liegt die Orangerie zwischen feuchten Baumstämmen, dunkel, im Nebel versunken.

In die wachsende Abenddämmerung des verrückten Dezembertages hinein bewegen wir uns gegen Osten, durch die Stille des Weinberges, auf Sankt Georgen zu. Niedrig, geduckt, ländlich breit liegt nun die Ortschaft vor uns, hell hie und da, von den schaukelnden Lichtern der Straßenbeleuchtung leicht bewegt. Und alle Wege führen zum sogenannten „Attilastein", der mit dem hunnischen Großkönig nichts zu tun hat; weder Steine noch andere Denkmäler haben die Nomaden hinterlassen; sie hatten kein Vertrauen in die ewige Existenz der kunstvoll bearbeiteten Materie und hatten darüber hinaus auch nicht das Bedürfnis, gegen die Vergänglichkeit zu protestieren: Vergänglichkeit war ihr Lebenselement, Beweglichkeit durchströmte ihre Lebensform (eine Beweglichkeit durch Raum und Zeit), und die Vorstellung, sie kämen aus dem Nichts, um im Nichts wieder zu verschwinden, war ihnen selbstverständlich. Der Großkönig legte auf Verewigung so wenig Wert, daß er uns sogar seinen Namen vorenthielt, denn Attila hieß er nicht. Attila ist nur sein Deckname gewesen: Väterchen. Die ostslawische Volksetymologie hat die Benennung für den Zaren übernommen. Doch mischt sich in diese Geheimhaltung des Namens außer der Verachtung gegenüber der Illusion einer persönlichen Unsterblichkeit noch ein zweites Element: der Großkönig hat offenbar an die Einheit von Name und

Person geglaubt. Hätte jemand den Namen verletzt oder gar verflucht, so hätte er damit die lebendige Person getroffen. Die Befürchtung ist dem breiteren Opernpublikum bekannt aus dem „Lohengrin". Da singt der Held den bereits zur witzigen Konvention gewandelten Satz: „Meinen Namen sollt Ihr nie erfahren".

Der Stein in Sankt Georgen ist also nicht der Stein des Attila, sondern schlicht und einfach der Grabstein eines gewissen Marcus Atilius. Seine Frau ist auf dem Stein ebenfalls abgebildet, auch sein Wagen. Man könnte annehmen, die trauernde Witwe hätte ihrem Marcus das Denkmal gesetzt und die beiden teuersten Besitztümer des Toten mit diesem vereint verewigen lassen: die liebe Gattin und das liebe Automobil. Schräg gegenüber, am steinernen Friedhofstor, wird die Intimität zwischen Leben und Tod ins Christliche transponiert: Embleme des Todes sind hier mit Fruchtkränzen lieblich vereint, und auch die steinerne Figur des Heiligen Georg wirkt ambivalent, denn — nichtwahr? — für ein Mädchen hat er gegen den Drachen gekämpft. Als Mann, ohne Zweifel. Und für seinen Glauben ist er dann enthauptet worden während der Diokletianischen Verfolgung: ein heißblütiger Prinz aus Kappadokien, Frauenheld, Märtyrer. Etwa zur gleichen Zeit mußten auch andere wegen ihres Glaubens sterben, doch fehlte ihnen offenbar jene durch Klatsch gern beschworene Dramatik, die sich dann zu Legenden kristallisiert und den Helden verklärt.

Solche Gedanken sollen zu Ende gedacht oder auch endlos weitergesponnen werden in Sankt Georgen, und zwar in einem Schankhaus, denn hierher muß sich ab und zu der Mensch nachsinnend zurückziehen, um die edlen inneren Organe mit Wein zu durchspülen und wenigstens den Versuch einer Standortbestimmung zu unternehmen: im Schnittpunkt so vieler Strahlungen, ständig von halb ausgeformten Plänen zur Tätigkeit angetrieben, der eigenen Erbmasse halbwegs ausgeliefert, der eigenen Eitelkeit halbwegs untertan. Wenn jemand zu behaupten wagt, daß die Meditation ein Vorrecht der asiatischen Kulturen ist, dann ist er in solchen frühen Abendstunden noch niemals in einem Schankhaus gewesen, in Sankt Georgen am Leithagebirge zwischen Blutwurst und Riesling.

Zur Meditation hier genügt die innere Stille. Es geht nämlich ziemlich laut zu, und das ist gut so: im Lärm der anderen verkriecht es sich besser. Es plaudern an einem langen Tisch breite Männer von der Arbeit, freilich nicht im Sinne eines kunstgewerblichen Interesses, sondern aus dem wichtigen Aspekt des Geldverdienens. Erfahrungen werden gewechselt, kleine Schliche großzügig weitergegeben, technische Einzelheiten besprochen: die Technik scheint in diesem Kreis das beste Mittel zu sein, Schwieriges listig zu meistern, und die Unterhaltung erinnert an eine Generalstabsbesprechung im ewigen Kleinkrieg gegen all die Schwierigkeiten, die sich dem Menschen endlos in den Weg stellen. Männer schöpfen hier Mut aus dem Beispiel des anderen Mannes. An einem Tisch in der Ecke sitzen zwei junge Frauen; sie haben auch ihre kleinen Kinder mitgebracht; Pakete zeugen von einer Einkaufstour; modische Kleidung und kunstvoll gehandhabtes Make-up lassen einen hübschen lebensfrohen Ehrgeiz ahnen oder wenigstens die gründliche Lektüre einer einschlägigen Illustrierten; da sitzt man also neben gesitteten Kindern und hält einen kleinen Kaffeetratsch, allerdings bei Speck und Wein. Am nächsten Tisch sitzt eine Familie. Es wird zu Abend gegessen, Mutter verteilt die Portionen, Vater spricht mit dem halbwüchsigen Sohn über was? selbstverständlich über die Schule, und nur die hübsche Tochter sitzt untätig, blickt auf den Teller, man kann es ihr ansehen: solche Familienausflüge gehen ihr längst auf die Nerven, allein möchte sie ausgehen, oder, besser gesagt, zu zweit — sie spürt die Männerblicke auf ihrem Rücken: Blicke der beiden Jünglinge, die sich in den Abend bereits erheblich hineingetrunken haben und nun zu kecken Unternehmungen amouröser Art bereit sind. Die Tochter am Familientisch fühlt die Spannung nur allzu gut, obwohl sich die beiden Berauschten vorläufig noch geradezu sittsam benehmen. Dann gibt es hier noch zwei Eisenbahner außer Dienst, einen als Jäger kostümierten älteren Menschen und in der Ecke jene einsame alte Frau, die in solchen Schankhäusern oft zu Gast ist, still und gebrechlich, mit glänzenden Augen, so, als wäre für sie der ganze Raum eine einzige Theaterbühne und sie selbst die Zuschauerin. Ihr Glas wird ohne Aufforderung oft gewechselt. Sie verträgt immens viel. Und über all die Köpfe hinweg verständigt sich der Schankwirt recht laut mit seiner Familie, was auch notwendig ist, denn in der kleinen Küche stehen zwei Tanten am Herd, hinter dem Schanktisch arbeitet der größere Sohn, während der kleinere die Gäste bedient und eine Cousine für sauberes Geschirr sorgt; auch kommt von Zeit zu Zeit ein mageres Männlein aus dem Keller empor, mit vollen Flaschen beladen, rötlich im Gesicht, von der Anstrengung oder vom Trinken, man kann das nicht wissen — und wozu auch? Würdig versieht der dünne Patron seinen Dienst, und solange er selbst nicht umkippt, darf er wohl ab und zu einen kippen, denn wie Riemen straffen sich die Sehnen an seinem Hals, wacker spannt sich das Rückgrat dem Gewicht entgegen, und keck auf dem Hinterkopf sitzt der verbeulte Hut. Hinter der Theke steht für den Lastenträger ein Glas bereit. Er hat die Flaschen auf den Boden gestellt, reckt sich, nippt, und blickt dann triumphierend um sich: ein jagdlustig stolzer Junggeselle vor winterlichen Unternehmungen!

Die Auswirkungen der beklemmenden Witterung sind zwischen den Wänden des Schankhauses nicht spürbar oder sie werden geheilt durch die heitere Gemeinschaft und durch eine fröhliche Einsamkeit des gerade erst noch so angstvollen Trinkers, der hier — von Lärm, Wurstgeruch und Weindunst beschützt — in der Lage ist, seinen Gedanken nachzuhängen, die vielleicht gar keine wirklichen, ernsten, klar definierbaren Gedanken sind, sondern bloß die Schatten von Gedanken, merkwürdige Widerspiegelungen, krause Phantasmagorien, Spiele des

Zufalls, aus denen blitzartige Erkenntnisse hervorbrechen können — oder auch nicht. Es könnte sein, daß man in einem Schankhaus in Sankt Georgen etwas wiederfindet, das man als Lebensgefühl längst verloren hat, nämlich den Einklang mit der eigenen Existenz: diese Ergebenheit, zu sein, wie man zu sein hat, den kosmischen Gesetzen ebenso untergeordnet wie den Konstellationen der menschlichen Gesellschaft, und doch von einer freundlichen Freiheit erfüllt. Der Mensch ist nahezu unverletzlich in der abenteuerlichen, offenbar unzerstörbaren Tiefenwelt der europäischen Tavernen.

Besuch bei dem Menschen der Zukunft

Vor ein paar Tagen habe ich den Menschen der Zukunft getroffen. Er trug Blue-jeans und einen graugrünen Pullover, schlenderte gemächlich über eine Wiese und schien die blühenden Obstbäume nicht zu beachten. Er war sehr jung, vielleicht vierzehn oder fünfzehn, trug das Haar schulterlang und hob den rechten Fuß, um den herbeirollenden Fußball über die Schräge der Wiese hinaufhüpfen zu lassen. Der Mensch der Zukunft — wenigstens dieser eine, den ich vor mir sah — war weiblichen Geschlechts. Er, oder eigentlich sie, blieb nicht lange allein; andere Mädchen kamen, fünf oder sechs in einer Reihe, blonde und braune; sie hatten sich untergehakt und machten zuerst mit dem linken, dann mit dem rechten und dann wieder mit dem linken Bein einen großen, sehr großen Schritt: das ergab so etwas wie einen Tanz, ergab ein Mittelding zwischen Tanz, Spiel und Gymnastik; und ein Frühlingswind wehte, und weiß und hellrosa blühten die Kirschen und Marillen. Der Mensch der Zukunft saß später auf einem Baumstrunk und redete über dies und jenes. Es war nicht sehr wichtig, was er sagte — aber *wie* er es sagte! Er, beziehungsweise sie erzählte vom Schulunterricht und von Zukunftsplänen für das spätere Leben und für diesen kommenden Abend. Später einmal wollte der Mensch der Zukunft hinter einem Bankschalter arbeiten und am kommenden Abend wollte er gemeinsam mit den anderen ins Kino nach Wiener Neustadt. Fühlte er beziehungsweise fühlte sie sich wohl in ihrer Haut? Ja, schon, gewiß. Der Mensch der Zukunft kaute Nägel, zog den Finger aus dem Mund, versteckte die Hand hinterm Rücken und tat dann, als wäre nichts geschehen. Und es war ja auch in der Tat nichts geschehen, nichts Nennenswertes, man hatte eben Nägel gekaut und kaute nun nicht länger Nägel, was soll's, Nägelkauen ist doch menschlich.

Menschlich war der Mensch der Zukunft, ja, das vor allem. Ohne Furcht. Ohne Nervosität und ohne wildes, betont forsches, den anderen Menschen provozierendes Gehabe, das ja nichts anderes ist als Tarnung der Nervosität. Man saß auf einem Baumstrunk und war mit sich selbst im Augenblick ganz und gar identisch. Man empfand offenbar kein Mißtrauen, wollte nicht glänzen, wollte weder irgendwelche Unsicherheiten verbergen, noch die Richtigkeit der eigenen Entscheidung hervorheben, man flehte nicht um Freundlichkeit oder wenigstens um Achtung, nein, man dachte nach, sprach und schwieg. Und auch das Schweigen war schön an diesem Nachmittag im Frühling, am Rand der Wiese, unter einem Himmel, der das Sonnenlicht heiter und gedämpft reflektierte.

Wir saßen auf der Wiese vor dem Kinderdorf in der Ortschaft Pöttsching im Burgenland. Ich war in der Ortschaft oft gewesen. Niemals im Kinderdorf. Ich mochte Pöttsching, weil es Pöttsching hieß und also den Namen eines früher einmal mächtigen, längst verschwundenen Stammes konservierte: Pöttsching war einmal Siedlung der Petschenegen gewesen, dieses asiatische Reitervolk hatte ursprünglich an den Ufern des Kaspischen Meeres gehaust, nein, gezeltet, und war dann, von anderen Reitervölkern gejagt, gegen Westen geritten. Im Jahre 883 hatte es die ehemals römische Provinz Pannonien erreicht, „im 12. Jahrhundert hatten sie noch einen kleinen Teil von Siebenbürgen im Besitz“, steht im Lexikon zu lesen, „doch waren sie schon größtenteils den Magyaren steuerpflichtig, verschmolzen dann mit denselben und verschwanden im 13. Jahrhundert spurlos aus der Geschichte.“ Hier aber, an diesem Abhang und in diesem Tal blieb wenigstens der Name erhalten und vielleicht auch der Menschenschlag. So weit in die lebende, in die gegenwärtige Vergangenheit der Ortschaft war ich noch nie eingedrungen, und jetzt saß ich unversehens der Zukunft gegenüber.

Ich hatte Pöttsching früher auch noch wegen einer ganz bestimmten Schenke besucht, die in einem dichten Wald steht an der früheren Staatsgrenze, vor sechzig Jahren vermutlich eine Absteige von Schmugglern und von den umherwandernden Menschen der Landstraße, die aus gutem Grunde das Weite suchten und sich hier, hinter Hecken und Wäldern, vorübergehend geborgen fühlten. Die Schenke ist heute freilich so etwas wie ein nobles Restaurant, aber an manchen Abenden huschen noch wimmernd und seufzend die alten Schatten vorbei, und im Spätherbst hängen die Nebelstreifen wie Selbstmörder von den Ästen.

Der dritte Grund, Pöttsching zu besuchen, war ein Freund, der im benachbarten Dorf lebte und seine hartnäckigen Melancholien mit schönen Ideen zu kurieren suchte, meistens erfolgreich, denn sein breites Lächeln zeigte mitunter die nach Rebellenart gefletschten Zahnreihen, die das traurige Licht der Augen überglänzten. Wir tranken viel Wein und am Ende war er immer noch, wenngleich abwägend, für den Fortschritt, und ich war es auch — wenngleich ich den Ausdruck mit anderen Wirklichkeiten verband.

Nun aber war ich gekommen, um das Kinderdorf zu besuchen. Ich hatte von diesem pädagogischen Experiment viel gehört und beobachtete es aus der Ferne, zwar ohne wirkliche Kenntnisse der tatsächlichen Lage, aber dafür mit einiger Verwunderung. Wir haben in diesem Jahrhundert zahlreiche gesellschaftliche Experimente mit anschließendem Massenmord erlebt. Allerdings: die vielen mißlungenen, törichten, mörderischen Versuche waren noch kein Beweis gegen die Möglichkeit, durch ein neuerliches Experiment doch noch einiges für den Menschen zu gewinnen. Wie aber war es um die Freiheit bestellt? Jede Gemeinschaft entwickelt Mittelpunkte, kristallisiert sich nach einer ganz bestimmten Ordnung, produziert Leitbilder und Führungskräfte. In jeder Gemeinschaft gibt es einen Leithammel, und es muß nicht notwendigerweise ein Hammel sein, der die Gemeinschaft leitet. Hatte mich etwas mißtrauisch gemacht? Gebrannte Kinder haben ihre Erfahrungen mit Flammen, ob sie nun Fackelzüge oder Scheiterhaufen beleuchten. Und nun war ich da, im Kinderdorf Pöttsching, bekam zum Mittagessen Schweinefleisch mit Linsen und wanderte dann durch das Gemeinschaftshaus und über die Wiese, besuchte die Wohnhäuser der Schüler, sprach mit den jungen Leuten und auch mit den Erziehern, und wußte plötzlich: das, genau das war die Zukunft. Oder, besser gesagt: eine Möglichkeit der Zukunft, eine mit großem Optimismus entworfene Chance. Burschen spielten Fußball, Mädchen hatten sich untergehakt und marschierten auf die blühenden Bäume los, und eines der Mädchen war die Erzieherin. Alle sagten Du zueinander. Auch die Erzieherin trug Blue-jeans und Pullover. Beim Springen machte sie die größten Sprünge. Wer erzog wen? Aber die Schülerinnen waren nachdenklich, aufrichtig und vernünftig. Ohne Angst, ja, das war es: ohne diese verheerende Angst, die uns damals, vor ein paar Jahrzehnten, beschämt, bedrückt, gedemütigt hatte. Das Experiment Pöttsching scheint gelungen zu sein. Warum?

Das Kinderdorf Pöttsching wurde im Jahre 1968 gegründet, und zwar, um in einer tatsächlichen Notlage wirkliche Hilfe zu leisten. Es gibt darüber Berichte, auch theoretische Schriften. Was da an Wirklichkeit unter dem Kauderwelsch der Fachsprache hervorlugt, ist überzeugend, ist von uns allen selbst erlebt, in der eigenen Kindheit erlitten worden, nämlich: der Gegensatz zwischen der Empfindlichkeit der Jungen und der Gleichgültig-

keit der Älteren: dieses Desinteresse, diese Arroganz, dieser Egoismus vieler erwachsener Menschen gerade den Jüngeren gegenüber, so daß oft Zwänge entstehen, und zwar gar nicht aus bösem Willen, sondern wie nebenbei, einfach dadurch, daß sich irgendein Mensch rücksichtslos ausleben will, auch auf Kosten der anderen. Solchen Zwängen entspricht das andere Extrem: das Fehlen jeder menschlichen Beziehung. Der hitzigen Spannung, die in der Unterdrückung liegt, kann die eisige Spannungslosigkeit des Gleichmuts gegenüberstehen, diese Beziehungslosigkeit zwischen den Erwachsenen und den Jungen, dieses Vegetieren der Jungen am Rand der Gruppe, ob diese nun aus dem Familienverband besteht oder aus dem Sippenverband einer Ortschaft. Wir wissen es alle aus unseren Erinnerungen an die eigene Kindheit: wie oft wollten wir das Gespräch, ohne unseren Wunsch richtig formulieren zu können, wie oft versuchten wir, uns mit letzter Kraft zusammenzureißen und die Annäherung an einen anderen Menschen zu suchen, ohne von ihm auch nur bemerkt zu werden, wie oft wollten wir Gedanken nachhängen, Plänen nachgehen, uns selbst an der Umgebung messen und diese staunend erfahren, ohne einen Schritt weiterzukommen. Die unerbittliche Gleichgültigkeit der Umgebung war stärker, die Ordnung des Tagesablaufes verhinderte den Ausbruch der Phantasie, das Grübeln, das ahnungsvolle Träumen, das Spielen mit Phantasiebildern wurde von der Wirklichkeit mit Brachialgewalt abgebrochen.
Ist das ein gesellschaftliches Problem? Gewiß, da es ein menschliches Problem ist. Ist es ein besonderes Problem *unserer* Gesellschaft? Das glaube ich nicht. Die Geschichte vom Hirtenjungen, der in die wärmende Dorfgemeinschaft allmählich hineinwächst, ist ein bukolisches Märchen, ist eine Episode aus dem legendären Goldenen Zeitalter, das irgendwo in der Tiefe der Jahre hinter uns liegt. Immer sind die vergangenen Zeitalter golden. Wahr ist vielmehr, daß sich das gleiche Problem in unserer Gesellschaft in neuer Gestalt stellt, und, vor allem: es

stellt sich *uns.* Wir sind es, die es zu lösen haben. Zum Beispiel durch Einrichtungen wie das Kinderdorf Pöttsching. Also: eine Rebellion gegen die Brutalität des Gleichmutes? Gewiß. Zugleich aber auch Einführung in den ununterbrochenen Dialog der Menschheit.
Kenneth Burke hat in seinem Essay „Dichtung als symbolische Handlung" diesen Dialog trefflich beschrieben. „Es ist, wie wenn ich einen Salon betrete. Ich bin recht spät gekommen, andere sind schon länger da und sind in einem recht lebhaften Gespräch begriffen. Die Erregung ist nicht gering und keiner will einen Augenblick innehalten, um mir zu berichten, worum es eigentlich geht. Genaugenommen kann das auch niemand, denn das Gespräch war schon längst im Gange, als noch keiner von den jetzt Anwesenden da war, und daher wäre keiner von ihnen in der Lage, alle vorhergegangenen Phasen der Diskussion zu rekapitulieren. Ich höre eine Zeitlang zu, bis ich glaube, das, worum es geht, einigermaßen mitbekommen zu haben — und ich beginne mitzureden. Einer antwortet, ich antworte ihm, ein zweiter kommt mir zu Hilfe, ein dritter nimmt Partei gegen mich, was meinen Gegner entweder freut oder ihm peinlich ist — das hängt davon ab, wie gut oder schlecht der Beistand ist, den ich von meinem Verbündeten bekomme. Doch die Diskussion nimmt kein Ende. Es wird spät, ich muß gehen. Und wenn ich gehe, ist das Gespräch immer noch mit unverminderter Lebhaftigkeit im Gange."
Es ist schwer, die ersten Worte dieses Dialoges zu erhaschen und dann die uns entsprechende Antwort zu finden, eine Antwort, die uns nicht durch den Zwang oder den Wunsch, uns anzupassen, deformiert, uns aber dennoch am Dialog teilhaben läßt, und das bedeutet also: persönliche Freiheit und gesellschaftliche Verbundenheit, oder noch kürzer gesagt: Intensität und Distanz.
Solche und ähnliche Erwägungen führten zur Gründung des Kinderdorfes Pöttsching. Es hat das Ziel, begabte Kinder, die ihre Begabung außerhalb des Dorfes nicht entwickeln könnten, nach Kräften zu fördern. Ja, för-

Blauer Mähdrescher

Öl auf Holz, 46×55 cm, 1971

Der Kirtag ist zu Ende Öl auf Holz, 55×46 cm, 1964

dern, aber wie? Ernst Gehmacher hat die Methodik des Kinderdorfes in vier Punkten zusammengefaßt: 1. Lernen durch Tun, 2. Erfolgserlebnis für jeden, 3. Leistungsfreude, nicht Prestige, 4. Kreativität durch Freiheit in der Gemeinschaft. Dieses vierte und wichtigste Prinzip wird in einer Schrift des Kinderdorfes erläutert. Sie trägt den Titel „Die Kraft der Gemeinschaft", formuliert jedoch auch folgende Erwägungen: „Reif werden kann man nur allein. Denken kann man nur in Ruhe. Lernen ist nichts wert ohne Reife und eigene Gedanken. Daher haben unsere Kinder im Kinderdorf Pöttsching viel Platz zum Alleinsein. Zum Ganz-allein-Sein."

Gegenwärtig wohnen im Kinderdorf 77 junge Leute. Die jüngsten sind 7, die ältesten 19. Sie wohnen in sieben Häusern und besuchen die Schulen in Wiener Neustadt, in Eisenstadt, in Neudörfl und in Pöttsching. Im Kinderdorf arbeiten 10 Erzieher. Sie wohnen unter einem Dach mit den jungen Menschen, jeder in der eigenen Hausgemeinschaft seiner Gruppe. Das durchschnittliche Lebensalter der Erzieher ist 28. Der Heimleiter heißt Robert Höllriegel: ein schlanker, nicht mehr ganz junger Mann, nachdenklich und empfindsam, still und gänzlich ohne Pose, ein Mensch von der Sorte, die nach innen lebt — und das ist wohl der Punkt, an dem er die Welt der 77 berühren und mitempfinden kann, denn auch die jungen Menschen leben nach innen, tragen ihr eigenes Weltall in sich, bevölkert mit Wunschträumen und Ahnungen, mit ererbten Neigungen und erworbenen Vorlieben, mit den undeutlichen, aber in surrealen Farben erglühenden Vorbildern zukünftiger Gefährten.

Da stehen wir also mit Robert Höllriegel zu zweit an einem Nachmittag im Vorfrühling auf der sanft auf das Tal zulaufenden Schräge der Wiese und blicken auf dieses zart gefärbte, ungestüm aufschäumende Blühen der Obstbäume am Abhang. Man sieht von hier das Leithagebirge und den langen Höhenzug von Sankt Margarethen. Eine junge blonde Frau in einem keck ausgeschnittenen grauen Kleid kommt auf uns zu.

Die junge Frau ist Ärztin, sie kam, um ihre Patienten zu besuchen, sagt das wie nebenbei, läßt ein freundliches Lächeln über das Gesicht huschen und geht an die Arbeit. Sie hat offenbar keine Lust oder keine Zeit zum Plaudern, will auch nicht irgendwelchen Normen des gesitteten und also mit vielen hohlklingenden Phrasen verzierten gesellschaftlichen Umgangs entsprechen, sondern kommt, grüßt und entfernt sich.

Ein paar Stunden sind seit meiner Ankunft im Kinderdorf vergangen und nun erst wird mir — durch das Beispiel der jungen Ärztin — der hier offenbar selbstverständliche Stil des Zusammenlebens bewußt. Still, heiter, manchmal verspielt geht es zu, aber die ganze Zeit hindurch habe ich kein einziges überflüssiges Wort gehört, niemand fand es notwendig, Überschwang und Betulichkeit zu entwickeln, jeder sagte, was zu sagen war, gab bereitwillig Auskunft, sprach zur Sache, verzichtete aber auf die üblichen Floskeln der gespielten Herzlichkeit oder der ebenfalls gespielten Aggression. Ich hatte das Gefühl: diesen Menschen hier fällt es gar nicht ein, das Getriebe der Verständigung mit überflüssigen Worten zu ölen, sie sind in ihrer inneren Freiheit so weit gefestigt, daß sie sich nicht, wie manche andere, *allein durch die Tatsache einer Begegnung* bedroht fühlen, sie setzen die Worte mit der gleichen Natürlichkeit wie die Taten.

Dabei, so sagt man, gab es und gibt es immer noch manche Unterschiede etwa zwischen den jungen Leuten aus Wien und denen aus irgend einer kleineren ländlichen Gemeinde; die Reizüberflutung durch das Leben in der Großstadt zeitigt Unruhe und Nervosität, erzeugt Spannungen, läßt auch eine frühreife, sich aber später nur langsam weiterentwickelnde Intelligenz entstehen; dagegen erweisen sich die jungen Menschen aus ländlicher Umgebung als ruhiger und ausgewogener, haben es in der Schule anfangs schwerer, dann aber leichter, könnten alles in allem organischer heranreifen. Das klingt glaubhaft, wenngleich auch ein wenig zu einfach, denn

die Normen der Reizeinwirkung sind freilich relativ, und die Stille des Dorflebens ist nicht *an sich* und in jedem Fall besser als das Getöse der Großstadt. Und ist denn Unruhe etwas Unerwünschtes? Liegt nicht gerade hier die Herausforderung zum Abenteuer einer von Industrien umgebenen, hochtechnisierten Lebensform? Ich kann der Naturschwärmerei, die uns zu den Gewohnheiten des vorindustriellen Zeitalters zurückführen will, nicht folgen, ich halte sie zwar für rührend, aber auch für regressiv und vor allem für ganz und gar unrealistisch, denn zur Natur gehört nicht nur die Natur als Landschaft, sondern auch die menschliche Natur, und dieser ist es versagt, gewonnene Positionen aufzugeben. Die Reizüberflutung, der wir in der Großstadt Wien ausgesetzt sind, ist gering gegenüber der gigantischen Vitalität, die jeden Nachmittag zwischen 5 und 7 den Times Square in New York beherrscht, und also ändern sich allmählich die Normen. Es könnte sein, daß die Freude an der Ruhe durch das Glück der Unruhe verdrängt wird.
In Pöttsching ist von der Unruhe der hochtechnisierten Gesellschaft nichts zu spüren, oder besser gesagt: die Gespräche werden manchmal bei aller Stille von einer gewissen Unrast erhellt, von einer erwartungsvollen Spannung, die nach Auflösung ruft: nach dem Sprung in die höhere Qualität des Bewußtseins.
Da sitzt die eine Erzieherin und erzählt alltägliche Kleinigkeiten aus dem Leben der Hausgemeinschaft, berichtet über die Kleinen, die sich zusammentun, um sich gegenüber den Größeren besser behaupten zu können, über das in diesem Haus gerade modisch gewordene Spiel, sich im eigenen Bett mit Hilfe eines Brettes und einer zusätzlichen Decke wie in einem Schneckenhaus zu isolieren, sie berichtet auch über die Schwierigkeiten eines bereits halb erwachsenen Mädchens, das seinen kulturellen Interessen außerhalb des Kinderdorfes nachgeht und also von der Gemeinschaft, die eine Art von Treuebruch wittert, nun gemieden wird — und während sie das alles erzählt, kommt sie unwillkürlich auf die Wissenschaft zu

sprechen, die sich mit solchen Problemen theoretisch zwar beschäftigt, doch viele Dinge noch nicht erforscht hat. Und nun erkenne ich plötzlich eine weitere Besonderheit der Atmosphäre: die Erzieher und vielleicht auch die Schüler des Kinderdorfes Pöttsching leben mit der Überzeugung, die Wissenschaft würde früher oder später alle wichtigen Fragen lösen und dem Menschen in jeder Lebenslage helfen können! Diese Überzeugung ist hier so stark und derart selbstverständlich, daß man gar nicht das Bedürfnis empfindet, sie zu artikulieren oder sie sich überhaupt bewußt zu machen. Man befindet sich in seinem Glauben an die Vernunft wie in einem religiösen Zustand der Gnade. Das Vertrauen in die Mittel der Psychologie, der Soziologie, der Pädagogik hindert die Erzieher nicht daran, im Notfall instinktiv vorzugehen. Sie sind keineswegs Dogmatiker und wissen das, was man gemeinhin als gesunden Menschenverstand bezeichnet, wohl zu schätzen. Über der Vernunft zum praktischen Hausgebrauch steht aber in ihrem Weltbild die fachlich weiterentwickelte Ratio der Wissenschaften. Hier ist man tatsächlich der Ansicht, daß der Zufall zurückgedrängt, das Irrationelle gebändigt und die Menschheit vor allem durch stete Verbesserungen ihres Gesellschaftssystems zu einem glücklicheren Dasein hingeführt werden kann.

Das Kinderdorf hat auch eine Zeitung, in der die jungen Autoren ihre Meinung über kleine und große Fragen formulieren, ziemlich optimistisch, aber nicht ohne Skepsis. Es ist jedenfalls aufschlußreich, das hektographierte Blatt mit dem Titel „Die Lupe“ durchzublättern. Bernd Dobesberger scheint einer der fleißigsten Mitarbeiter zu sein; er gibt bekannt, wie man den eigenen Biorhythmus errechnen kann, kritisiert verschiedene soziale Mißstände und träumt von einer Reform der Schulen: „Nicht alle Schüler wollen die Anonymität verlassen und eine Schule besuchen, in der jeder wichtig ist. Aber eines Tages wird es diese Schule geben, denn man kann nicht nur Menschen züchten, denen man das eigenstän-

dige Denken aberzieht.“ Eva Leutner schreibt zur Minderheitenfeststellung in Österreich: „Können die Rechte einer Menschengruppe von ihrer Quantität abhängig sein? Darf es sein, daß das Recht auf Gleichberechtigung erst bei 25 % anfängt?“ Poldi Wiesbauer untersucht die Gründe der Armut in der dritten Welt, Robert Apfelthaler erzählt die Geschichte der Beatles, und Wolfgang Hackl zeigt die Gefährlichkeit des Boxens auf und stellt die Frage, warum man denn diesen Sport nicht verbieten könnte. Vom selben Autor stammt auch die zutreffende Bemerkung: „Seit die Menschen Kühlschränke haben, ist die Butter immer zu hart.“ Es wird im Kinderdorf nun auch daran gedacht, neben der Zeitung auch noch ein zweites, technisch interessanteres Organ der freien Meinungsäußerung zu schaffen: einen kleinen Rundfunksender für den Hausgebrauch. Er könnte vor und nach dem Schulunterricht in Betrieb sein.
Gewiß ist im Kinderdorf Pöttsching nicht jeder Schüler glücklich und jeder Erzieher zufrieden; Versagen oder Mißgunst in der Schule ist schwer zu ertragen; manche junge Menschen müssen unter widrigen Verhältnissen daheim in der Familie leiden; Eifersucht in der Gruppe und unglückliche Verliebtheit verdichten sich zu schweren Stunden; und auch der Wandertrieb befällt dann und wann eine Seele, die Sehnsucht nach völliger, nach grenzenloser, nach übermenschlicher Freiheit. Und die Erzieher? Ihre Arbeit fordert nicht nur Wissen, sondern auch Kraft, Geduld, Liebesbereitschaft und Verzicht. Aber was da am Rand der Ortschaft Pöttsching vor sich geht, ist mehr als ein pädagogisches Experiment. Hier werden die Möglichkeiten des menschlichen Glücks in seinem ersten, entscheidenden Stadium erforscht, in den leidvollen, fiebrigen, vom Zweifeln und Staunen durchwühlten Jahren der Kindheit und der Pubertät. Die Frage, die im Kinderdorf Pöttsching unausgesprochen, durch die Art des Zusammenlebens gestellt wird, lautet sehr einfach: kann es einen innerlich freien Menschen geben? In Pöttsching ist man optimistisch.

Das Spiel vom Tod und vom ewigen Leben

Seit ein paar Tagen werden im Steinbruch von Sankt Margarethen die Passionspiele wieder aufgeführt. Ich habe sie noch niemals gesehen. Ich bin aber im Steinbruch gewesen vor ein paar Wochen, an einem sonnigen Frühsommertag: stark und bitter rochen bereits die Kräuter am Abhang in der Nähe des Bildhauerhauses; feurig gelb war das Sonnenlicht, das auf die glatten Felswände fiel; trockener Wind wirbelte bereits den Staub. Männer waren dabei, den Zuschauerraum der kommenden Passionsspiele einzurichten. Schwere Lastwagen fuhren herbei, mit Bänken beladen. Andere Bänke lehnten bereits an ihrem Platz auf dem Boden mit der Lehne nach vorn, die Beine schräg emporgerichtet. Die Lehnen waren mit Nummern versehen. Zuerst wußten wir nicht, was es denn sei, das hier vorbereitet wurde. Wir waren auch schon dabei, die beiden Menschen, die eine Bank nach der anderen vom Lastwagen herunterhoben, nach dem Zweck dieser Vorbereitungen zu fragen, aber dann sahen wir zum Teil in die Felswand geschnitten, zum Teil kunstvoll angebaut verschiedene Treppen, Grotten und Podeste, und da wir von den berühmten Passionsspielen gehört hatten, begriffen wir nun, was geschah.

Aus Düsseldorf war mein Freund nach Wien geflogen und dann weiter ins Burgenland gereist, ein Deutscher

aus Schlesien, lange Zeit in Hamburg zu Hause und dann als Journalist in Wien daheim: mit Österreich noch durch die in der Familie erhaltenen Erinnerungen an das altösterreichische Schlesien verbunden. Längst war in ihm diese verschüttete Zeit aus dem Gedächtnis hervorgetreten, längst war sie durch Verbindung mit der österreichischen Lebensart gleichsam zu einer inneren Melodie des eigenen Wesens geworden. Die Rückkehr nach Deutschland, in die Betriebsamkeit des Landes Nordrhein-Westfalen, hatte die Jahre des Wiener Aufenthaltes zusätzlich verklärt, doch waren diese tatsächlich fröhlich und beglückend gewesen — für den Freund, für uns alle. Damals, Anfang der sechziger Jahre, lag über diesem Teil von Europa freundlicher Frieden, und wir, so oft gebrannte und offenbar unbelehrbare Kinder mörderischer Zeiten, waren wieder einmal übermütig, schoben die Schatten zur Seite — und in der Tat: sie ließen sich bewegen und gaben den Blick frei auf ein helles und lustvolles Leben. Nein, nicht unsere Jugend war es gewesen, die uns zu diesem Hochgefühl verholfen hatte, denn wir waren damals bereits erwachsen und zur Nachdenklichkeit bereit, waren Familienväter und Figuren der Gazetten: es war in der Tat die Epoche. Und nun war sie längst verschwunden, und wir hatten uns an das neuerliche Morden und auch an die Feigheit der ausersehenen Opfer längst beinahe schon gewöhnt und standen da, im Steinbruch von Sankt Margarethen, durch den Zufall an einem sonnigen Wochentag hierhergeführt.
Das Steinmetzhaus war von hier aus nicht zu sehen und freilich auch das Haus der Bildhauer nicht am dicht mit Unkraut bewachsenen Abhang gegen die Ortschaft. Aber sehr fein stieg der Lärm einer Säge empor, und es war, als schnitt dieses Geräusch eine tiefe, schmale Spalte in den massiven Block des Schweigens. Zur rechten Hand, oben, am Rand der Straße, lag der Bau einer Gaststätte und vor ihm bewegten sich ein paar Menschen, die offenbar aus ihren Fahrzeugen gestiegen waren, um zu uns hinunterzuschauen. Wenn wir in eine andere Richtung

emporblickten, sahen wir die Plastiken der Bildhauer vor der blaßblauen Fläche des Himmels: diese steinernen Statuen, die wie Idole eines sehr fremden Stammes offenbar zu kultischen Zwecken auf der mit struppigem Gras bewachsenen Hochebene aufgestellt worden waren. Seit zweitausend Jahren kommen Menschen hierher, um Stein zu gewinnen oder um in das Innere des Berges zu schauen. Die eine Beschäftigung ist mit der anderen in geistiger Hinsicht tief verbunden. Denn Stein wird nicht nur gewonnen, um einfache Mauern oder — wie im späten 19. Jahrhundert auf dem Semmering — Bahnkörper und Tunnelbauten zu errichten, sondern um Dome und Paläste emporzutürmen, also ein metaphysisches Programm zu erfüllen: künstliche Berge zu errichten, nach eigenem Maß und Plan, in einem maurerischen Schöpfungsakt den ursprünglichen Schöpfungsakt ahnungsvoll nachzuvollziehen, eine Geborgenheit ganz eigener Art zu erringen, und das heißt auch: der Angst zu entrinnen. Das Wort „geborgen", das Zeitwort „bergen" entspringen dem Wort „Berg" ebenso wie „Burg" und „Bürger". Dem Dombau aber entspricht — wenngleich in anderen Maßstäben — die Arbeit der Bildhauer: diese Auseinandersetzung mit der Materie im Dienst einer Vision — und ob diese nun religiöse Gegenstände berührt oder profane, oder ob sie sich von allen Vorbildern und überhaupt von allen Bildern löst und allein das persönliche Geheimnis einer Ornamentik sehen läßt oder die Strukturen des Steines freilegt: diese Frage ist zweitrangig gegenüber dem ursprünglichen Duell des Menschen mit der Form.

Wir wissen, daß während der Römerzeit hier Statuen entstanden sind: ein Steinlöwe aus dem heutigen Sankt Margarethen befindet sich im Museum von Sopron (Ödenburg). Damit war der Schritt getan von der Naturplastik zur Plastik von Menschenhand; denn auch auf natürlichem Wege sind an dieser Stelle durchaus erkennbare steinerne Gebilde entstanden, die an Statuen erinnern: Abdrücke von Fischen und Fischschuppen sind in der unteren

Schicht des Steinbruches zu finden; auch sind die versteinerten Köpfe zweier Seekühe zum Vorschein gekommen — sie befinden sich in Eisenstadt im Landesmuseum. Der Ausgangspunkt der antiken Bildhauer war freilich nicht das Relikt, sondern der Kult, und zwar als nutzbringender Begriff.

Nichts wurde ohne den Glauben an die Notwendigkeit der entsprechenden Tat unternommen. Höhlenzeichnungen hatten durch die abgebildeten Jagdszenen die Zukunft vorwegzunehmen, die unheimliche Kraft des Wildes zu bannen und den Sieg des Jägers zu sichern. Jener Löwe der Römerzeit aus dem Steinbruch von Sankt Margarethen war ebenfalls kein Ergebnis irgendwelcher dekorativer Spielereien, sondern besaß eine menschliche und zugleich politische Funktion als Bewacher des Hauses und als Verkünder römischer Eigenart. Die Plastik beschützte den Bewohner der Villa durch magische Kraft und zugleich, indem sie diesen Bewohner als römischen Bürger auswies und für barbarische Anschläge weitgehend unantastbar machte. Und wenn der Stein von Sankt Margarethen bei dem Bau des Stephansdomes in Wien verwendet wurde — diente er dann auch in diesem Fall nicht jener praktischen Funktion, die man heute etwas sauertöpfisch „Lebenshilfe" oder gar einfach „Service" nennt? Es ging ja für den Menschen der Zeit darum, sich das ewige Leben und außerdem auf dieser Welt noch das „Heil" zu sichern, also „alles, was die menschliche Wohlfahrt begründet und fördert". Im Schmuck der Ringstraßenpaläste ist *dieser* Anspruch säkularisiert worden, ja: die verschiedenen Nymphen und Kariatyden, Fabelwesen und antiken Gottheiten setzten ihre Wanderschaft durch die Zeit fort und gerieten in einen Zustand der Verweltlichung. Aber sie blieben bestehen. Sie wirken heute noch, auch im Funktionalismus der gegenwärtigen Architektur. Schalterräume von Bankinstituten, zum Beispiel, werden immer noch nach dem Muster des Labyrinthes von Knossos erbaut: in einer Weise also, daß sie den Schatz in der Schatztruhe,

also den Panzerschrank, in der Tiefe des Raumes verbergen, von möglichst vielen sichtbaren Barrieren umgeben. Ja, sie ver-bergen das Geld, setzen es gleichsam in die Tiefe eines Berges, und der Schalterraum stellt im Bezug zu dem gelagerten Geld eine künstliche Grotte dar. Die Notwendigkeit einer solchen architektonischen Anordnung ergibt sich aus dem Fühlen und Glauben, nicht aus praktischen Erwägungen. Amerikanische Fachleute sind der Meinung, es wäre praktischer, den Panzerschrank erhöht oder im Raum frei hängend anzubringen. So wäre er allgemein sichtbar und dem Zugriff von Räubern entzogen. Gegen eine solche Anordnung wehrt sich jedoch eine psychische Kraft, die wir vielleicht als kollektive Erinnerung bezeichnen dürfen.
Zurück zu Sankt Margarethen, zum Steinbruch, wo in diesem Sommer das Passionsspiel stattfindet. Dieses Spiel entspricht derselben Notwendigkeit, der vor zweitausend Jahren, also zu Zeiten von Jesus Christus, die antiken Bildhauer gedient haben: das Spiel bietet die kultische Darstellung ganz bestimmter Figuren und soll den Zuschauern und noch mehr den Darstellern selbst durch Ritual zum Heil verhelfen. Durch die bildhafte oder szenische Wiederholung der ursprünglichen Geschehnisse werden diese selbst abermals erlebt, das heißt: die Leidensgeschichte findet statt, tatsächlich, wenngleich in der Sphäre des Wortes und der Gestik und also ohne blutige Konsequenzen. Wo aber liegen dann die psychischen Folgen für die Mitspieler und für das Publikum? Über diese Frage sprachen wir an jenem sonnigen Wochentag im Steinbruch, während Lastwagen herbeifuhren und die Bänke abgeladen wurden und vor uns auf diese Weise tatsächlich ein regelrechter Zuschauerraum entstand: Reihe nach Reihe auf der leichten Schräge des Abhanges, der Spielfläche gegenüber.
Die psychischen Folgen solcher kultischer Darstellungen und ritueller Wiederholungen waren ungeklärt. Und plötzlich bekam das uralte Verbot der Herstellung von Statuen und Bildern einen für uns neuen Sinn. Wir

können uns die Wirkung von Statuen und Bildern *in einer gänzlich bilderlosen Welt* kaum noch vorstellen, und also können wir auch die seelische Erschütterung nicht kennen, die angesichts einer Statue und eines Bildes eintreten mußte — und mit geradezu ungeheuerlicher Intensität, sobald man die Statue und das Bild nicht nur sah, sondern *sich selbst* in einem kultischen Akt zur Abbildung gemacht hatte: zur Abbildung einer Gottheit, einer Naturgewalt oder einer ganz bestimmten Person. Dadurch vollzog sich eine Identifikation und zugleich auch eine Teilung, denn der Abgebildete war dem Schein nach nun wirklich anwesend. Nur dem Schein nach? Waren nicht manche seiner Eigenschaften auf den Darsteller tatsächlich übergegangen, da er sie ja nun nachvollzog? Wir gingen an den Bankreihen vorbei und betraten eine schmale Treppe, die zu einer Plattform emporführte und dann weiter an eine Grotte und zu einer Erhöhung: wir befanden uns im steinernen Bühnenbild und blickten zu den Lastwagen und auf die Bankreihen hinunter. Schon wirkte der *genius loci*. Da stand mein alter Freund aus Düsseldorf und sprach nun nicht mehr über die Verhältnisse in Nordrhein-Westfalen und auch nicht über die Freude, das Burgenland nach so langer Zeit wiederzusehen, sondern er sprach überhaupt nicht, und auch ich hatte plötzlich keine Lust mehr, das Gespräch fortzusetzen. Wir waren auf dem Platz angelangt, auf dem damals, vor ungefähr achtzig Generationen Jesus von Nazareth gestorben war. „Als sie nun auf den Platz, der Golgatha oder Schädelstätte hieß, gekommen waren, gab man ihm Essig mit Galle vermischt zu trinken . . .“ so steht es im Evangelium des Matthäus und „Da sie ihn nun gekreuzigt hatten, theilten sie durch das Loos seine Kleidungsstücke“, und damit war es auch schon geschehen, das Morden und das Sterben: in einem halben Satz. Da standen wir also auf dem Platz, der Golgatha oder Schädelstätte hieß, standen symbolisch, aber auch wirklich: nämlich für unser Gefühl. Der Pöbel, der sich das Amusement einer Hinrichtung nicht hatte entgehen las-

sen wollen, war zugegen, das Hinrichtungskommando roch nach Schnaps und Knoblauch, und man bemerkte, daß man mit den erforderlichen Geräten — halb berauscht, halb ungeübt — nicht gut zurechtkam.
Wir waren beide gebrannte Kinder, mein Freund und ich. Todesgefahr war uns nichts Unbekanntes. Und dennoch, im friedlichen Licht des freundlichen Tages spürten wir nun eine völlig andere Art der Gefahr und auch der Rettung. Etwas weitete sich. Der Tod und damit auch das Leben gewann eine neue Dimension.

Rust oder Die zweite Urbanität

Auf ein städtisches Leben hin hat sich hier alles entwikkelt: zur Konzentration hochwertiger Entwicklungsprozesse des Geistes und der Wirtschaft auf engstem Raum. Rust war Mittelpunkt für eine geräumige Umgebung agrarischer Produkte und agrarischer Kulte: Fischfang, Weinbau, Schilfverarbeitung waren und blieben archetypische Tätigkeiten, verknüpft mit dem natürlichen Glauben an Fruchtbarkeit, an freies Wachsen zu einer wundersamen Üppigkeit hin, die erst im Barock ihre heute sichtbare Form fand. Der Glaube war vorchristlich, war mitgestaltet von römischen Legionären und Kolonialisten, die ihre orientalische Magik hierher verpflanzt hatten: jenes Urstaunen angesichts der segensreichen Naturkräfte, die lenkbar geworden waren durch Ackerbau. Weiter südlich (nun jenseits der Grenze) stand zudem das städtische Vorbild: Ödenburg oder Sopron. Urbane Neigung zur Vielfalt und Toleranz widerspiegelt sich heute noch im Nebeneinander der römisch katholischen und der evangelischen Kirchengemeinden.

Der Bauer, und zwar der Weinbauer als selbstbewußter Bürger: dieser Typus ist in Rust am Beispiel einer organisch gewachsenen Architektur zu studieren. Die schönen Fassaden der Häuser am Conradplatz und auf beiden Seiten der Hauptstraße verbergen nicht, nein, sie ergänzen und vollenden die landwirtschaftlichen Nutzbauten.

Nur für flüchtige und ahnungslose Beobachter besteht ein Kontrast zwischen städtischer Fassade und ländlichem Hof. In Wirklichkeit war und ist hier Arbeitsstätte mit Wohnbereich verbunden, die Arbeit selbst auch durch das Ergebnis der Arbeit repräsentiert: man zeigte, daß man etwas besaß, zeigte es an Ort und Stelle, ja, man vollzog auch architektonisch den Schritt von einer in die feudale Hierarchie eingebundenen bäuerlichen Lebensform zur Freiheit unabhängiger Bürger — diese schönen Fassaden sind vom gleichen Bewußtsein geformt, das die Einwohner der Stadt nicht ruhen ließ, bis sie sich 1681 den Status einer Freistadt erkauften. Im späten 19. Jahrhundert, im Schatten der industriellen Entwicklung, schien dieses schöpferische Selbstbewußtsein wie abgestorben; erst nach dem Abschluß des österreichischen Staatsvertrages 1955, genauer im Jahre 1960 begann die Wiedergeburt der Stadt zur zweiten Urbanität.
Die Entwicklung zur ersten Urbanität dauerte gut zweihundert Jahre. 1317 schenkte König Karl Robert I. die Ortschaft an einen Grafen von Güssing. „Ceel" hieß der Flecken. Der Name geht auf das ungarische Wort „Szil" zurück, das „Ulme" bedeutet. Bereits 1385 ist auch der deutsche Name in Gebrauch, Szil oder Ulme wird mit „Rüste" übersetzt. Die Weingärten nebst den Ulmen sind da in Rust bereits vorhanden. Im 15. Jahrhundert wird die Pfarre errichtet, das Marktrecht erworben, 1512 die Ortschaft mit einer Mauer befestigt, zwölf Jahre später der Markenschutz für Eigenbauweine eingeführt. Die alte Pfarrkirche, den Heiligen Pankrazius und Ägydius gewidmet, ist das schönste Denkmal dieses allmählichen Aufblühens. Noch aus dem 12. Jahrhundert stammen einige wuchtige Mauern. Hundert Jahre später entstand die Marienkapelle, der Legende nach gestiftet von Königin Maria von Ungarn als Dank für die Rettung bei einer Bootsfahrt auf dem Neusiedler See. Dann aber, als Höhepunkt dieser ersten Entwicklungsphase, wurde auch der Pankrazichor vollendet: an den runden Schlußsteinen weisen Winzermesser und Weingartenhaue sowie zwei

gekreuzte Fische auf die Weinhauerzeche und auf die Fischerzunft; die Datierung nennt das Jahr 1515. Elf Jahre später wurden die Symbole auch noch illustriert, da sieht man Fische im „Seekraut“ und ein Männlein im Weinstock, Akanthusranken und Früchte. Fröhlich feierten die Ruster ihre diesseitigen Wunschvorstellungen in der metaphysischen Verklärtheit des Kirchenraumes. Mit der Restaurierung dieser „Fischerkirche“ begann der zweite Aufbruch zur Urbanität, vorangetrieben freilich vor allem von Ruster Bürgern, aber auch vom unruhigen, schöpferischen, dionysischen Geist des Kunsthistorikers Alfred Schmeller, der damals die Denkmalpflege im Burgenland zu betreuen hatte. Er diskutierte viel, forderte, kämpfte, er formte Menschen und Häuser, nicht ohne auch Widerspruch zu erregen, der bis heute nicht zum Schweigen gekommen ist. Doch die lebhafte, mitunter harte Auseinandersetzung war fruchtbar. Die Bürger entdeckten nicht nur eine mitunter bereits verschüttete Architektur, sie fanden in dieser Architektur auch eine neue Art von Würde.
(In solchen Diskussionen über Denkmalpflege spiegelt sich oft profund Menschliches. Auch der gegenwärtige verdienstvolle Landeskonservator des Burgenlandes, der unermüdliche, ja rastlose Doktor Berg könnte über die Schwierigkeiten der Meinungsbildung manches berichten.)
Hier nun einige Zahlen zum Verständnis des kulturhistorischen Werkes, aber auch zum Vergleich.
Rust zählt 1700 Einwohner. Das Gemeindegebiet umfaßt etwa 2000 ha, davon 460 ha Weingartenfläche und ungefähr 47 ha Bauland. Der historische Stadtkern, von einer Mauer umgeben, umfaßt etwa 9 ha. Hier wohnen 300 Menschen.
Bis zum Jahre 1971 wurden in diesem Stadtkern etwa 30 Bürgerhäuser erneuert, mit einem Kostenaufwand von 20-25 Millionen Schilling, wobei zwei Drittel der Kosten von den Bürgern selbst aufgebracht werden konnten, doch dienten Zuschüsse von Land und Bund

gleichsam als Initialzündungen. Die Aktion zur Erneuerung der Fassaden wurde in Bauphasen eingeteilt. 1974 begann die dritte Phase, die sich auf den Rathausplatz konzentriert. Von 23 vorgesehenen Objekten wurden nun bereits 13 fertiggestellt. Die Revitalisierung des Rathauses wurde bereits früher abgeschlossen. Saniert wurden auch die ehemalige Hauptschule und der Pulverturm, so konnte dann Raum für ein Archiv und ein Museum gewonnen werden. Das alte Wächterhaus in der Hauptstraße, ein sonderbares Bauwerk aus dem 17. Jahrhundert, ursprünglich am bereits verschwundenen „Unteres Tor“ gelegen, wurde von einer privaten Künstlergruppe instandgesetzt.

Die beiden wohl wichtigsten Voraussetzungen all dieser Arbeiten sind: die Nüchternheit und der Rausch, das heißt, sachliches Planen und Entwicklung des Weinbaues. Das erste schafft die Koordinaten, das zweite bringt finanzielle Mittel und zudem Visionen.

Die in sich geschlossene Silhouette der Stadt ist aus der Höhe des Steinbruchs von Sankt Margarethen zu sehen und besser noch von einer Hügelkuppe zwischen Rust und Oslip: ein gut asphaltierter Weg führt hier zwischen Weingärten empor, dem leicht gewellten Terrain folgend, ein Weg der sanften Kurven und linden Steigerungen, an manchen Tagen im späten Frühling ein Weg der feinen Pastellfarben auch. Wenn man nun anhält und zurückblickt, sieht man die graublaue Fläche des Neusiedler Sees und die kräftige braune Linie des Ufers gegenüber; hellgrün liegt der breite Schilfgürtel zwischen Stadt und Wasser; kaum wahrnehmbar zittert die aufsteigende Wärme; unter dem blassen Himmel stehen dunkel die Türme, leuchten rotbraun die Dächer, gelblich die Fassaden; Störche schweben über der kleinen, festgefügten Stadt, die an eine ländliche Festung erinnert, an ein Städtchen der Kinderträume auch, wo die gutmütigen Bürger aus bauchigen Kannen irgendeinen duftenden Wein einschenken, den trinkenden Gast musternd aus zusammengezogenen

Breitenbrunn Öl auf Holz, 81×87 cm, 1973

Der gelbe Turm

Öl auf Holz, 44×51 cm, 1976

Augen, während in der geräumigen Küche bereits der Kapaun kocht. Man blickt also zurück, auf Rust hinunter, und schaut zugleich sich selbst in die Augen: man sieht Wunschbilder, in diese Stadt hineingetragen.

Die Wunschbilder, sie lassen sich hier tatsächlich antreffen, als Wirklichkeit und auch in der imaginären Wirklichkeit des Rausches, denn nicht ohne Grund erhielten die Ruster Weinhauer im Jahre 1524 das Recht, ihre Fässer — und heute ihre Flaschenkorke — mit einem nobel geschwungenen „R“ zu versehen, das freilich für „Rust“ steht, aber vielleicht auch für „Rausch“; ja, die edlen, zumeist schweren Weine fördern die Nachdenklichkeit und helfen, in einem Zustand der höchsten Empfindsamkeit, das Wichtigste vom Belanglosen zu scheiden. Deshalb ist der Weinbau nicht nur eine Voraussetzung des Wohlstandes: der Ruster Wein versetzt die Bürger von Rust in die Lage, ihre Stadt so wuchtig und zugleich so anmutig zu gestalten, mit sicherem Instinkt für den Schwebezustand einer melancholischen Vitalität.

Sommer am Neusiedler See

Unlängst, an einem Nachmittag in Rust, saßen wir in der Nähe des Jachthafens, auf einem schmalen Steg bereits halb im Röhricht. Der Tag war schön, Boote wurden bestiegen und hinaus aufs Wasser gerudert, auch fuhren Segelboote gegen Osten, kleine und größere, mit bunten Fahnen behängt und in ihrer Eleganz halb eindrucksvoll und halb rührend. Menschen tranken Kaffee auf der Terrasse eines nahegelegenen Gasthauses, der Lärm badender Kinder war zu hören, und aus einem der Pfahlbauten drang der stechende Geruch eines Spirituskochers. Ein Mann zog vorbei, die Angelrute in der Hand und in der anderen einen Eimer aus Kunststoff, für die gefangenen Fische; fast war ihr silbernes Schimmern im gelblich klaren Wasser des Eimers zu sehen. Es war also ein ganz gewöhnlicher Sommernachmittag am Neusiedler See, man glaubte, den Frieden geradezu auf der Zunge wiegen und schmecken zu können, zwischen Zunge und Gaumen zergehen zu lassen, ja, man konnte die heitere Geruhsamkeit der Stunde riechen und tasten, und die Augen hatten ihre angenehme Mühe, all die kleinen Figuren, Szenen, Farbschattierungen und wie im Traum dahinfließenden Bewegungen zu erfassen.
Mein Gesprächspartner war ein kluger Mann. Das wußte ich. Dennoch fühlte er sich offenbar unbehaglich — trotz der freundlichen Betriebsamkeit der Szenerie. Er wandte

den Blick von den Booten, verfolgte mißmutig den Angler und schnupperte mißbilligend in die Richtung des Spirituskochers. Endlich sagte er, er möchte am liebsten fort von hier, denn man könne sich nicht einmal mehr ruhig unterhalten.

Ich mußte ihm widersprechen, und nun versuche ich, all das zu notieren, das zur Sprache gekommen ist damals, vor ein paar Wochen. Denn mir gefällt der Neusiedler See so wie er ist, mit den Seglern und Ruderern, mit den badenden Kindern, mit den Anglern und den Bewohnern der Pfahlbauten, die ihre Spirituskocher selbst noch an einem malvenfarbenen Nachmittag in Betrieb nehmen. All diese Menschen suchen hier und finden zumeist auch Zerstreuung, spielerische Betätigung, finden ruhevolle Tage — gerade hier, wohin sich noch vor ein paar Jahrzehnten kein einziger Tourist hätte verirren können. Denn der Neusiedler See erinnert an ein Mädchen, deren reizvolle Eigenart und freundliche Schönheit lange nicht bemerkt und dann plötzlich von aller Welt entdeckt werden, so daß es sich der vielen Hofierer nun kaum erwehren kann. In solchen Phasen des weiblichen Triumphes wäre die Sehnsucht nach Einsamkeit ebenso töricht wie unnatürlich.

Jahrhunderte hindurch war der See bloß eine Erwerbsquelle für manche Menschen der umliegenden Ortschaften und außerdem eine lokale Sehenswürdigkeit. Es gab Fischer; das Schilf konnte verarbeitet werden; auch auf die Jagd ging man und wußte zudem, daß der See die Wärme und die Feuchtigkeit der Luft regulierte, was für den Weinbau von Bedeutung war. Man wußte von der medizinischen Verwendbarkeit der Blutegel. Man konnte den See im Winter auch als riesige Verkehrsfläche verwenden und im Schlitten dies und jenes von einem Ufer auf das andere hinüberschaffen. Die kollektive Erinnerung konnte auch jene Zeit noch ins Bewußtsein heben, in der die Gegend von Sammlern besucht und durchsucht worden ist, durchstöbert von diesen eigentlichen Ahnen der Jagdkunst: in der primitivsten Phase

der Zivilisation. Nach Eiern suchten sie und nach kleinen Tieren, nach Pflanzen und nach Früchten, ab und zu stellten sie bereits Fallen, oder sie versuchten, mit geflochtenem Gerät Fische zu fangen. Später fanden hier Apotheker manche Kräuter und andere Grundstoffe für die Herstellung von Naturheilmitteln. Aber das war auch beinahe alles. Nur verwegene Liebespaare bereiteten sich im Röhricht zuweilen ein gut ausgepolstertes Versteck: nur Landschaftsmaler, die kein wirkungsvolleres Motiv zu finden hofften, stellten auf vorspringenden Landzungen ihre Staffeleien auf; nur ein paar trotzig ihre Berufung wahrnehmende Schulmeister machten lange Spaziergänge an den Ufern, um Flora und Fauna zu beobachten. Die Schönheit des Neusiedler Sees ist während all dieser Zeit nur wenigen Menschen aufgefallen. Es mußte der Massentourismus entstehen, es mußte sich eine gewisse Demokratisierung der Rousseau'schen Naturschwärmerei entwickeln, es mußte — als Folge dieses gewandelten Lebensgefühls — freilich auch dies und jenes geordnet, gesäubert, zugänglich gemacht, für den Besucher hergerichtet werden, um den See in seiner Schönheit auch wirklich greifbar und begreifbar zu machen. Es mußten, mit einem Wort, die vorhandenen Ausblicke und Anblicke in eine milde waltende Magie hineinwachsen, die das Schöne als solches erkennen ließ: das heißt, die Menschen mußten sich darauf einigen, daß der See schön war, um ihn nun auch wirklich als schön zu empfinden. So stieg — zwar nicht wirklich, aber in der Wertskala unserer Phantasie — eine Art von Naturwunder empor, und dadurch war für das Bewußtsein tatsächlich eine neue Landschaft entstanden.
Von Norden her betrachtet kann die Weite des Sees erfühlt werden. Man steht in der Ortschaft Neusiedl auf den Mauern jenes mittelalterlichen Wohnturmes, der „Tabor" genannt wird. Eine trübsinnige Königin hat in dieser Festung gehaust, jene Tochter des Herzogs Albrecht, die gegen ihren Willen mit dem Ungarnkönig Andreas III. verheiratet worden ist und hier, in

einem Schlupfwinkel nahe der österreichischen Kernländer, das unruhige Jahr 1301 verbracht hat — man steht also auf dem Turm der Agnes und blickt hinaus auf die graugrüne Fläche des Seewinkels im Osten und auf die bläuliche Kette der Leithaberge im Westen, sieht ihnen vorgelagert die lehmgelben Hügel über Winden und Purbach, dann das helle Band des Schilfgürtels, das breit und von hier oben aus gesehen geradezu äquatorial üppig das feste Ufer begleitet, blickt endlich auf das Wasser hinaus und kann die jenseitige Küste nicht erspähen, nicht einmal ahnen. Ja, eine Küste ist es, die sich im Süden versteckt hält, weit in der Ferne, und Neusiedl liegt am tiefsten Punkt einer Bucht, die sich gegen Süden öffnet, so daß man glaubt, hinaussegeln, hinausfliegen zu können auf das offene Meer. Dann, nach dem Abstieg zur Ortschaft und endlich draußen, auf der Landzunge des Badestrandes, verstärkt sich der Eindruck noch weiter. Das flache östliche Ufer ist zurückgetreten, auch die grüngelben und an ihren höheren Hängen grünblauen Massen der westlichen Hügelkette weichen zurück und die Weite scheint aufzusteigen: es wölbt sich hier tatsächlich der Horizont und der flimmernde Wasserspiegel reicht nicht bloß 32 Kilometer weit, nein, er reicht vielleicht bis zur Adria hinunter. Das elementare Erlebnis des Meeres kündigt sich an, hier, an einem See, der durchschnittlich nicht tiefer ist als 70 Zentimeter; nicht ohne Grund hielt der antike Mensch die Einheit sämtlicher Gewässer nicht nur für selbstverständlich, sondern auch für sinnlich erfaßbar.

Im Frühling öffnet sich von der Straße nach Breitenbrunn ein unvergleichbarer Anblick. Da steigt man im lichten Mischwald von Kaisersteinbruch empor, erreicht die Kuppe des Berges und befindet sich nach einer Rechtskurve unversehens dem See gegenüber: da liegt er, zur linken Hand vom Weinberg der Ortschaft Jois halb verborgen, liegt gelblich grün und erstaunlich schmal im milden Licht; über Winden glitzert die Metallplastik von Wander Bertoni; gegen Süden erhebt sich wie ein Pflock der gelbe stämmige Stadtturm von Breitenbrunn, und am Ufer jenseits quillt leichter Nebel, so daß man plötzlich auf die unmögliche Idee kommt, dort drüben brenne das Wasser.

In der Nähe von Oggau gibt es einen schmalen Schilfkanal, etwa zwei Kilometer lang, von einem festen Weg begleitet, der hinausführt an einen trockenen Platz. Schwarze Boote modern hier offenbar unbenützt, halb unter Wasser. Irgendwo weiter draußen blinkt der See, man kann den Kanalausgang nur ahnen. Vom Wasser her ist der Kanal schwer zu finden, besonders für den Uneingeweihten: darin liegt für unerfahrene Segler bei plötzlich aufkommendem Sturm die Gefahr. Der Wind, ein Nordwestwind zumeist, drückt das Wasser gegen Süden; Wellen rollen auf das Röhricht zu, treiben das Boot an die Schilfwand heran, in den Schilfgürtel hinein; aufgewirbelter Schlamm schlägt dem Schwimmenden ins Gesicht; unsicher ist der weiche Boden; im Wind sind die Eingänge der Schilfkanäle nicht zu erkennen; man ist nun in der Tat abgesperrt vom festen Land. Doch in der Stille eines warmen Tages im späten Frühling haben diese Kanäle ihren eigenen Reiz: Undeutliches lauert in der feuchten Hitze der üppigen Vegetation, Vögel steigen auf, man glaubt im trüben Wasser dann und wann fette Fische zu sehen, die Stimmung hier wirkt tropisch — und in der Tat liefert die Erinnerung ein Bild: so war man ja einmal bereits in einem Schilfkanal gestanden, einsam in der Hitze, mit der Einsamkeit zufrieden, wie von unsichtbaren Lebewesen belauert und zugleich selbst auf der Lauer: neugierig, abenteuerlustig, halb bereits zurückgesunken in jene Träumerei der Indianerbücher aus der Kindheit — vor genau neun Jahren ist das gewesen, in Afrika, am nördlichen Nil, nicht allzu weit von der großen Straße, die Alexandria mit Kairo verbindet.

Im Hochsommer ist es am besten, dem westlichen Ufer die Treue zu halten, zu schwimmen und dann einige Gläschen Wein zu trinken, zu rudern und danach einen

Weingarten zu besuchen, zu segeln und endlich zu einem Weinkeller emporzusteigen, sich also vom Wasser umspülen und vom Alkohol durchspülen zu lassen.

Der Herbst aber ist im Seewinkel am schönsten. Da sollte man spazierengehen an einem ruhigen Samstag irgendwo zwischen Apetlon und Podersdorf, auf einem der Wege, die in der Nähe des Wassers verlaufen, langsam schlendern und hinüberblicken auf die Hügel und Berge des Westufers, auf dieses nun blasse Blau, hinter dem mit klaren Umrissen die bedeutende Erhöhung des Rosaliengebirges hervortritt: eine Formation, die bereits in diesem Gebiet Fremdartiges ahnen läßt, nämlich Alpines. Zum Baden ist es nun zu kühl, aber die Weingärten riechen süß und auch leicht salzig: in den Duft der reifen und an manchen Stellen bereits überreifen Weintrauben mischt sich der Geruch des sandigen Bodens. Nun sind die Urlauber abgereist, und man genießt die Stille nicht weniger als noch vor ein paar Wochen die Lebhaftigkeit der Kinder, die Fröhlichkeit der Segler und überhaupt dieses bunte Treiben der Menschenmenge, dieses angenehme Flanieren in weichen Schuhen vor den freundlichen Terrassen der Gasthäuser und Konditoreien.

So irgendwie redeten wir also an einem Nachmittag in Rust, redeten lange und verstummten dann plötzlich, denn der See lag vor uns, und jetzt war vor diesem Hintergrund eine junge Frau erschienen, die langsam auf das Wasser zuging, die Hüften leicht wiegend, schön und füllig und schlank, braungebrannt, so daß der blonde Flaum auf ihrem Nacken leicht glänzte. Wir blickten ihr nach und sagten dann lange kein Wort.

Streifzüge durch den Seewinkel

1.
Meditation über eine Ebene

Jeder sieht, was er kann. Was er will? Manches läßt sich weder umgehen, noch verkleinern: Berggipfel, zum Beispiel, oder gotische Dome. Wie aber verhält es sich mit der Exotik? Was dem Pariser sein Persien, das dem Perser nicht sein Persien, sondern sein Paris. In Grenzgebieten wird die Relativität des verlockend Fremdartigen besonders deutlich: jeder späht zum anderen hinüber, vom seelischen Juckreiz befallen, denn das andere ist für ihn verheißungsvoll und unheimlich zugleich. Der Seewinkel ist so ein Grenzgebiet. Es ist überschaubar, und man könnte es auch übersehen. Allerdings: Wer dieses Stück Flachland unbeachtet ließe, der bliebe arm — bliebe ärmer wenigstens um die Erfahrung, wie sich Bedeutsames in der Stille ereignet. Das Ereignis ist die Verschränkung, Vermischung, Verschmelzung zweier Welten, die man mit den Namen Asien und Europa ungefähr fixieren könnte, oder mit den Beiwörtern pannonisch und alpin. Auch der deutsche Sprachraum hat hier seine bereits mit Slawischem, mit Ungarischem durchwirkte, bereicherte Grenze. Als Knotenpunkt, Schnittpunkt, Treffpunkt ist der Seewinkel so ganz und gar österreichisch.

Der Name „Seewinkel“ bereits bietet ein kleines Problem. Er ist einseitig. Er bezeichnet jenen immerhin 450 km² großen Winkel, der, vom Westen gesehen, „hinter“ dem Neusiedler See liegt, also auf Ungarn zu. Um in diesen Winkel zu gelangen, muß man tatsächlich einen Umweg machen, zuerst in die Ortschaft Neusiedl hinauf und dann über Gols wieder hinunterfahren — allerdings nur, wenn wir partout darauf bestehen, unsere Reise in Eisenstadt zu beginnen. Die Fahrt aus Wien oder aus Bratislava (Preßburg) erfordert dagegen keine Umwege. Und für den ungarischen Betrachter ist der Seewinkel schon überhaupt kein Winkel, sondern der breite westliche Streifen einer merkwürdigen Landschaft, die er Hanság nennt.
Steppen-, Sand- und Schilfböden liegen hier unter einem Himmel, dessen Maß, scheinbare Form, Konsistenz, dessen gerundete Geschlossenheit bei größter Offenheit die Entstehung der Metapher „Himmelskuppel“ begreifbar macht. Wiesen, Weiden, Wein bedecken die Erdoberfläche, da und dort gibt es ein römisches Grab (oder ein awarisches), eine römisch-katholische Kirche in dörflichem Barock (oder einen jüdischen Friedhof), eine Baumgruppe, einen seicht salzigen Steppensee, einen Ziehbrunnen (oder einen Futtersilo). Es gibt auch ein einziges, allerdings in heiterer Helligkeit gleichsam schwebendes Schloß: Halbturn. In den zu solchen Zwecken notwendigen Pfützen breiig breiter Dorfplätze gedeihen fette Gänse, während einige hundert Meter weiter, am Neusiedler See, zukünftige Seeleute feines Badeleben spielen, mit eindrucksvollen Jachten ausgerüstet, auf denen man Tage lang umhersegeln kann im Wasser, das durchschnittlich 70 cm tief ist.
Die Tatsachen jedoch sind bloß Anlässe des Erfühlens, Erahnens, innerlichen Durchdringens, kurzum des persönlichen Deutens einer Landschaft. Kindheitserinnerungen liefern wertende Vergleiche, willkürlich zusammengetragene Elemente eines historischen Weltbildes bieten unumstößliche Vorurteile, ökonomische In-

teressen lenken Zu- oder Abneigungen und das Abenteuer der Trug- und Idealbilder hat die Süße der unbewußten Traumerfüllung.
Besucher aus Wien werden im Seewinkel an die Zeiten erinnert, in denen ihre Stadt zugleich Metropole allerlei malerischer Völkerscharen gewesen ist, zu denen auch die Ungarn gehörten, die sich in der Gegend der Hofburg aufführten wie die Kosaken in Sankt Petersburg. Man hielt etwas von ihnen und man hielt sie sich. Freilich schwillt zugleich angesichts der guten Straßen, der gepflegten Strandbäder und der vielen Hotels das republikanische Bewußtsein, denn das Stück Land hier hat sich in der Tat während der letzten zwanzig Jahre zivilisatorisch herausgemausert. So sehr, daß es der Vogel-, der Denkmal- und der allgemeine Naturschutz schwer haben, sich gegen so viel Zivilisation zur Wehr zu setzen. Daß hier der westlichste jener Punkte ist, an denen ganz bestimmte Spinnen und Käfer vorkommen und zugleich der östlichste Punkt der Verbreitung anderer Spinnen und Käfer, daß sich auch in botanischer Hinsicht manche Grenzfälle ereignen und also sibirische Käfer nicht selten auf alpinen Gewächsen balancieren (und umgekehrt), diese Unordnung der Ordnung ist für den Forscher das alles übrige überstrahlende Erlebnis.
Kaiser Karl VI. hingegen, der im Schloß Halbturn sterbend in das Sonnenlicht schaute, die Kaiserin Maria Theresia und all die anderen Habsburger suchten und fanden hier das gesittete Landleben ihrer Ideale, Erquickung nach der Jagd, wohlige Ruhe: auf einem etwas abseits gelegenen Gut, bereits im fernen Ungarn und doch nahe Wien; und das große Fresko des Maulbertsch war für sie nicht nur „Allegorie der Zeit und des Lichtes", sondern himmlisches Spiegelbild dieses heiteren Arkadiens im Seewinkel, bevölkert von eleganten Schäfern, liebreizenden Schäferinnen und beseelt durch die fröhliche Gottergebenheit der natürlichen Religio.
Man befand sich im Osten. Man. Sofern „man" eben nicht aus Ungarn kam. Ja, soferne man aus Ungarn kam,

fühlte und fühlt man sich hier bereits recht verösterreichert, was sinngemäß freilich verwesterreichert heißen müßte. Für Ungarn liegt der Seewinkel bereits im abendländischen Strahlungsgebiet: auch dieser Boden hier ist pannonisch, römisch, westlich, früh christianisiert, durch Wien beschützt und kultiviert und verführt; mild sind bereits die Gefühle, zahm die Aufwallungen des Gemütes, wohlgeordnet die Gedanken. Die Türken sind zwar auch bis hierher vorgedrungen, aber sind sie vielleicht auch seßhaft geworden? Aber wo! Auf mittelmäßigen Böden konnte sich eine freundliche Bevölkerung ruhig dahinlümmeln. Manches mag an Ungarn erinnern, aber es fehlt die Poesie der Triebhaftigkeit, die bedrohliche List und der hemmungslose Überschwang, auch fehlt die Hartnäckigkeit jener Kalvinisten, die vom eigenen Puritanismus berauscht sich selbst und nebstbei auch die Welt zurechtstutzen wollen. Für ungarische Begriffe ist man hier hoffnungslos bieder.

Doch wenn der Deutsche, der Denker und Dichter, aus seinem dicken Mercedes auf diesen Boden hinaustritt, wenn der Schwärmer und Rechner mal die Nase hebt und die Gegend beschnuppert, ja, dann fühlt er sich (meistens) an den Rand der Wildnis versetzt.

Für ihn endet bereits östlich von Wien die moderne Zivilisation, und im Seewinkel befindet er sich bereits inmitten der echten Pußta. Unter einem riesigen Himmel stehen Ziehbrunnen; hinter Steppengras verborgen liegen seichte Gewässer, Zicklacken, wie man sie hier nennt, die im Verdunsten kristallene Salzausblühungen hervorbringen. In trockener Hitze ducken sich staubige Dörfer; lehmverschmiert sind die Hausmauern und weiß gekalkt wie in Afrika; es gibt Schilf- und Rohrdächer und auf manchen hausen Störche im kreisförmigen Geflecht ihrer geräumigen Nester. Mais, der hier Kukuruz heißt, wird in Tschardaken gespeichert, das erinnert an Tschardasch, an ungarisches Tanzen, Essen und Trinken, an Tschikosch, Gulasch, Paprikasch, an Piroschka, auch an „Du schwarzer Zigeuner, komm spiel mir was vor ..."

(Es gibt ihn hier tatsächlich.) Im Mai duften die Kugelrobinien, die man hier Akazien nennt, im Winter sieht man ab und zu schwere Vögel auf grüngrauen Feldern: mächtige Trappen. Korbwaren werden angeboten, Zierkürbisse und hausgemachte Blutwürste, und freilich Wein, Wein, Wein. Und um das Exotikum voll zu machen, kann der Abort am Ende des Gartens mitunter (wenn man Safari-Glück hat) so bestialisch stinken wie ähnliche Einrichtungen im Orient.

Was unser deutscher Tourist nicht, was er nie und nimmer zu sehen bekommt, ist ein letzter noch lebendiger, noch lebenskräftiger Rest jener versunkenen Welt der adeligen Herrenhäuser, wie sie einst in Rußland gestanden sind und in Ungarn und gewiß in Ostpreußen; mit einem Gutsherrn, der zur Erntezeit nicht zu unterscheiden ist von einem Vorarbeiter seiner Landwirtschaft, mit einer Gutsherrin, die das schöne Pferdegespann vor der leichten Britschka selber lenkt: hinaus über die sandigen Felder den jagenden Herren nach.

Vor dieser Szene bleiben die unsichtbaren Tore, die das touristisch flüchtig Erforschbare von der Wirklichkeit trennen, fast immer geschlossen. Gerade das harmlos wirkende, scheinbar alles bereits dem ersten Blick offenbarende Flachland ist besonders reich an versteckten Tatbeständen. Man sieht hier leicht etwas, kann es aber nicht deuten, nicht begreifen und also auch nicht greifen. Hier mißt sich die heimliche Vertracktheit der Ebenen mit der geheimnisschwangeren Dramatik des Berglandes.

Es gibt wohl nur zwei Möglichkeiten, bis zum unsichtbaren, vom Anschein ebenso angedeuteten wie verdeckten Wesen dieser Landschaft vorzudringen (wobei wir Landschaft sagen, aber zugleich auch die Geologie und die Geschichte und vor allem den Menschen meinen, als das Subjekt der geformten Träume und der Produktionsbedingungen). Man kann sich im Seewinkel niederlassen, um dann allmählich nicht nur Flora und Fauna zu erforschen, sondern auch die labyrinthischen Tiefen dieser noch halb agrarischen Gesellschaft. Und man kann sich an den Wein wenden. An die Möglichkeit vorerst, durch Gespräche über das Trinken und auch durch das Kennenlernen der Geschmacksrichtungen vorwärtszukommen. Und dann an die heilsame, bildende, Undeutliches plötzlich erhellende Kraft des Rausches.

Wiener, Wissenschaftler, Kaiser, Ungarn und Deutsche hatten oder haben auch vom Seewinkel ihr eigenes Bild. Und ein ganz eigenes Bild erspähen, sofern sie den Zustand des Rausches zu erreichen vermögen, die Trinker. Weingärten sind in diesem Landstrich verhältnismäßig neue Pflanzungen, vielleicht deshalb wirken die hiesigen Weine so selbstsicher, so sonnig, so wuchtig. Sandböden speichern die Hitze, steigern die Süße und auch den Alkoholgehalt des Weines. Dessen Stärke aber begünstigt das Forschen durch Rausch.

Wer nun im Seewinkel das Glück hat, zum richtigen Wein zu gelangen in Gesellschaft der richtigen Trinker am richtigen Ort und zur richtigen Zeit — und dazu noch selbst in der richtigen geistigen Verfassung —, der wird das Große Nebeneinander erleben.

Es mag sich in solchen glücklichen Fällen ereignen, daß sich Figuren der Vergangenheit zu den Menschen der Gegenwart gesellen, daß auch die Grenzen zwischen den Epochen verschwinden, so daß die kaiserlichen Feldmesser des 17. Jahrhunderts sich mit ein paar nachdenklichen Awaren unterhalten, die zwar sieben oder acht Jahrhunderte früher gelebt haben als jene barocken Ingenieure, jedoch nach den gleichen *conditions humaines*. Heiligmäßige Juden, die mit Fetzen, Tierhäuten und Getreide handelten, könnten sich über das zu erwartende Wetter äußern und die römischen Veteranen, die hier unter dem schwer an Denken leidenden Kaiser Marc Aurel eine Villa mitsamt Gut erworben haben, dürften ihre eigenen Wetterfrösche, Glauben und Aberglauben ins Treffen führen, während die hier irrtümlich vergessenen Feldwebel der durchmarschierenden napoleonischen Armee sich um jene jungen Frauen bemühen,

die ihre Gunst zuerst einem bajuvarischen Kolonisten und zweihundert Jahre später einem Reisevertreter von Kosmetika verschenkten. (Der Feldwebel fiel gerade zwischen die beiden.) Welch eine klare Ordnung ließe sich aus diesem Durcheinander herausdestillieren! (Von den Yoga-Übungen der Nonnen von Mönchhof gar nicht erst zu reden.) Wie selbstverständlich, völlig offenkundig, klar gegliedert erschiene nun das Gewimmel!
Jeder sieht, in der Tat, was er kann, aber diesem Können sind keine festen Grenzen gesetzt. Es ist jedoch nicht immer möglich, das Gesehene in Worte zu fassen. Der Rausch wirft den Menschen zurück in den Zustand, in dem er noch in Bildern gedacht hat und nicht in Sprache. Zurück? Oder vorwärts? Die Frage bleibe schwebend stehen über den Nebelschwaden eines allzu frühen Herbstes, die die Weingärten im Seewinkel wärmend bedekken.

2.
Von Halbturn nach Apetlon

Poeten des 19. Jahrhunderts haben das Flachland gerne mit dem Meer verglichen, vor allem, weil sie keine Gelegenheit hatten, das Meer tatsächlich zu betrachten. Die Landschaftsdichter der Ebene waren Binnenländer. Sie blieben meistens in ihren Dörfern und Städtchen, überwinterten trinkend, waren im Frühling verliebt, widmeten den Sommer der Erziehung ihrer Kinder und versahen im Herbst ihre Ämter. Aber Poesie hatte nun einmal das eine mit dem anderen zu vergleichen und das Flachland war also wie ein Tisch, wie ein Brett, manches Mal auch wie der Handteller Gottes. Die Vergleiche blieben jedoch entweder zu klein oder sie wuchsen ins Unvor-

stellbare, folglich kehrte man ans Meer zurück, dachte offenbar an eine endlose Wasseroberfläche unter einem endlosen Himmel und an den ruhigen Halbkreis eines glatten, grün und blau leuchtenden Horizontes.
Der Vergleich ist falsch. Wenn man etwa nach einem Spaziergang durch die Ortschaft Halbturn im Seewinkel das letzte Haus hinter sich läßt und in die Ebene hinaustritt, sieht man eine große Anzahl von Bäumen in der Nähe und nicht gleich erkennbare Formationen in der Ferne; auch Häuser oder Scheunen glaubt man da und dort zu erkennen; ja, man weiß nicht recht, ob sich irgendwo auf der geraden Straße im Schatten des Laubes die Silhouette eines Menschen bewegt, oder ob gerade ein Vogel vorbeigeflogen ist, dessen unbemerkt gebliebene Fluglinie das Auge getäuscht hat. Das Meer ist bei Schönwetter als Anblick geheimnislos, die Ebene steckt voll von unentdeckten Möglichkeiten und Bedrohungen. Das Meer ist in den Stunden der Ruhe wie versteinert und hat in der Tat die matt glänzende Schönheit der Halbedelsteine; die Ebene hat auch im zauberischen Nachmittagslicht erdhafte Schwere. Sie ist dem Menschen in der einfachsten und profundesten Art wesensverwandt. Kein Wunder, wenn der Schöpfungsmythos des Alten Testamentes den Menschen aus der Erde entstehen läßt und nicht aus dem Wasser. Nur Götter sind schaumgeboren.
Einen einzigen Punkt gibt es, in dem die Wirkungen, die aus dem Anblick des Meeres und dem Anblick der Ebene ausgehen, einander in der Tat gleichen: es ist die für unser Empfinden unmenschliche Konsequenz der geometrischen Form. Der menschliche Körper, die Flora und die Fauna, auch das in Bewegung erstarrte Hügelland, sind frei von breiten waagrechten Flächen. Solche Flächen wirken auf uns gewissermaßen kristallinisch: wir müssen wohl oder übel ihre natürliche und organische Entstehung zur Kenntnis nehmen, und doch wittert irgend etwas in uns ein Geheimnis. Die Formation ist zu schön.

Von Halbturn führt die mit Bäumen gesäumte Straße auf die Ortschaft Frauenkirchen zu. Man würde eigentlich dazu neigen, die historischen Fakten zu vergessen und eine merkwürdige, unerklärbare Einheit zwischen der Perfektion einer Ebene und der Perfektion der eben erst verlassenen Ortschaft festzustellen. Denn Halbturn ist, nach der Zerstörung des Dorfes im Türkenkrieg gegen Ende des 17. Jahrhunderts, nach dem Kolonialschema wiederaufgebaut worden, das heißt: die Häuser säumen in geraden Reihen den 400 x 50 Meter großen Kirchenplatz und hinter den Höfen und Stadeln führt eine Wirtschaftsgasse rechteckig um die Ortschaft. Jenseits dieser Straße stehen die Scheunen und Tschardaken. Das alles ist klar und tüchtig geplant, entbehrt also aller an sich unnötigen, für die Phantasie jedoch lebensnotwendigen Winkel und Krümmungen, Überraschungen und Zweideutigkeiten, die sich aus dem langsamen Wachsen ergeben, das manche ursprünglich sinnvolle Bauwerke nun sinnlos erscheinen läßt und andere nur bruchstückhaft oder in einer neuen und für den Betrachter merkwürdig erscheinenden Funktion bestehen läßt.
Die Felder an beiden Seiten der Straße sind wohlbestellt; kaum merkbar, wie vom inneren Strömen der unter der Baumrinde vielleicht pulsierenden Säfte bewegt, bebt im müden Licht des Nachmittags das Geäst; da und dort stößt der Blick an geradegestutztes dunkles Buschwerk; das Gefühl, sich in einer planmäßig errichteten Anlage zu befinden, setzt sich fort: es ist dies das gleiche halb beängstigende, halb genüßliche Empfinden, das durch die labyrinthische Geometrie eines im französichen Geschmack angelegten Parkes hervorgerufen wird. Der Triumph der Kunst über die Natur will und kann uns als endgültiges und beruhigendes Ergebnis nicht recht überzeugen; wir befürchten, für diese vorübergehende Übermacht des planenden Intellektes einen Preis bezahlen zu müssen; wir wittern in der vollkommenen Ordnung die lauernde Gefahr eines hereinbrechenden Chaos.

Stiller Tag

Öl auf Holz, 42×55 cm, 1976

Kroatische Musik Öl auf Holz, 80×84 cm, 1973

Die große Kirche in der Ferne beruhigt. Ihre Umrisse sind deutlich zu erkennen und der mit zwei Türmen versehene Baukörper hat die bläulich lila Farbe eines kleinen, in zwei Gipfeln in den Himmel ragenden Berges. Sonderbar ist es, daß gerade dieses aus der Ferne so mächtig wirkende Gotteshaus — also ein künstlich emporgetürmtes Gebilde — so anheimelnd, freundlich und anziehend wirkt: natürlicher als die Natur. Die Erklärung für das neuerliche Paradoxon ist rasch gefunden. Gegenüber der scheinbar so vernünftigen Fläche der Ebene vertritt die Kirche dort in der Ferne die Welt der Phantasie, der Laune, des Gefühls, der Hoffnung. Der flächigen Ratio tritt die Hoffnung entgegen: eine nicht ganz vernunftmäßige Regung. Der auf das Heil gerichtete Optimismus ist mit freien Augen als Bauwerk verkörpert zu sehen.

Im Jahre 1324 besteht hier eine nach der Heiligen Jungfrau Maria benannte Ortschaft. Sie ist elf Jahre später bereits ein viel besuchter Wallfahrtsort, verödet noch im selben Jahrhundert, wird aber 1482 in einem Testament wieder als „das Gotthaus unser lieben Frau auf der Haid" erwähnt. Doch hatten hier bereits die Götter Roms eine Kultstätte, und später entstand in der Nähe des Klosters eine Judengemeinde mit Schule und Synagoge. Warum gerade hier? Die Ansiedlung von Juden kann durch die Schutzherrschaft der Fürsten Esterházy im 17. Jahrhundert hinlänglich erklärt werden. Was aber hatte die Christen des 14. Jahrhunderts hierhergezogen? Was haben tausend Jahre früher die Römer hier gesucht? Vom alten Königreich Ungarn aus gesehen war dieser Punkt des Flachlandes nördlich jener wasserreichen Landschaft, die Waasen oder Hanság genannt wird, ebenso belanglos wie aus dem Blickpunkt von Wien. Sicherlich: Frauenkirchen liegt an der Straße, die zwei ungleiche Schlösser verband: das von Karl VI. und Maria Theresia so geliebte Lustschloß Halbturn und die großartige, nach französischen Beispielen orientierte Residenz der Esterházy im südöstlichen Winkel des Sees, ein kleineres aber nicht bescheideneres Gegenstück zu Schönbrunn. Der Ort heißt heute Fertöd. Zwischen diesen beiden Schlössern nun liegen Meierhöfe inmitten der Äcker, Lacken und Weiden. Da und dort haben Weingärten den Kukuruz verdrängt. Vielleicht war Frauenkirchen das kultische Zentrum dieses ländlichen Lebens, zeitweilig von Sümpfen umgeben und also gutes Versteck, Ort der Hilfe, Ort des Heils. Seit der Jungsteinzeit ist der Seewinkel besiedelt; man lebte hier meistens ruhig von Fischfang und Viehzucht; die Latifundien gaben auch der kleineren sozialen Einheit das Gefühl von Weite. Nur während der Türkenkriege wurde Frauenkirchen, aber auch die nächste Ortschaft, Sankt Andrä, fast tödlich getroffen. Die meisten Menschen flüchteten. Viele wurden gemordet, gedemütigt, verschleppt. Der traurige Rest verkroch sich, überlebte, kam wieder hervor. Nur die besonders prachtvollen, die sehr lauten und überaus selbstbewußten Gemeinschaften können eine wirklich vernichtende Katastrophe erleiden: sie werden in solchen Fällen nicht nur physisch beinahe ausgelöscht, sondern in ihrem Selbstbewußtsein gebrochen. Es kommt äußerst selten vor, daß alle, wirklich alle Menschen einer Siedlung ermordet oder vertrieben werden. (Bei den Judenverfolgungen unseres Jahrhunderts war das allerdings die Regel.) Nach dem Untergang des Römischen Reiches gingen die Römer nicht unter, nicht als Einzelpersonen, nicht in Rom, auch nicht im Seewinkel, also im ehemaligen Pannonien. Soferne sie sich anpassen konnten, vermochten sie zu überleben. In der Anpassung liegt also das Geheimnis der ethnischen Kontinuität. Pracht, Arroganz, Hochmut, selbstgefälliger Heroismus verstärken die Wahrscheinlichkeit, von einer Übermacht wirklich ganz und gar ausgelöscht zu werden. Deshalb brauchen die Tragödien solche unbiegsamen Charaktere. Das Geduckte stürzt nicht. Hier aber, in Frauenkirchen und in Sankt Andrä, im Röhricht des Neusiedler Sees und in der Unwegsamkeit der Lacken lebte man geduckt, ordnete sich unter und überlebte. Man war das Öde ja ohnehin gewohnt. Sankt Andrä in der Nähe des Zicksees war bereits 1409 vorübergehend „deserta", also verwüstet. 1546 heißt es wieder: „Sankt Andrä ist ganz öd." Dann, eines Tages, noch im 17. Jahrhundert, erschien hier der kaiserliche Administrator der Herrschaft Ungarisch-Altenburg, ein Herr Adam Xaverius Schad, ließ vorerst 40 Häuser bauen und danach auch eine Kirche errichten — aus Lehm, mit Schilf überdacht. Das Kolonialschema wurde selbstverständlich abermals angewandt, der Anger durfte nicht kleiner sein als 400 x 50 Meter, streng quadratisch. Und von da an gab es hier ein stilles und zuweilen fröhliches Leben, durch die patriarchalischen Einrichtungen der Leibeigenschaft gegen alle unvorhergesehenen Fährnisse der Existenz abgesichert, außer freilich gegen die familiären Konflikte und gegen die Folgen sonntäglicher Messerstechereien.

Fast schnurgerade führt die Straße von Sankt Andrä weiter nach Wallern. Auch hier wurden römische Silberlinge gefunden, auch hier hatte man wiederholt vor bewaffneten Scharen davonlaufen müssen oder eigentlich davonrudern, denn einmal brachte man sich mit den vorhandenen Booten und Zillen in Sicherheit und umgab dann den von Sumpf geschützten Fluchtort auch noch mit umgedrehten Eggen. Nach Pamhagen könnte man nun weiter, aber wir biegen in scharfem Winkel nach rechts; schon sind die Räder über die Eisenbahnschienen gehüpft; schon fahren wir gegen Nordwesten auf die Lange Lacke zu. Vor der Sonne liegen graubraune Wolkenstreifen und plötzlich kommt ein Wind auf, der die fülligen, bereits etwas überschweren Baumkronen des Spätsommers in Bewegung bringt. Wir sind aus dem Auto gestiegen. Es rauscht das Laub und unweit des Weges das Röhricht, es blähen sich die Hecken, es schaukeln die ausgespannten Drähte des Weingartens — über das flache Land strömt kühl und kräftig die Luft. Sie schlägt mir ins Gesicht, provoziert gleichzeitig die zwei möglichen menschlichen Reflexe: sich durch ein leichtes Neigen des Kopfes einigermaßen zu schützen oder sich von der

wilden Kühle streicheln und schlagen zu lassen. Ich wähle selbstverständlich die zweite, die schönere Pose. „Steppenwind, rase nur, wir werden ja sehen, ob ich standhalten kann!“ Solche törichte Regungen dauern nicht viel länger als die Zeit, in der eine Nasenspitze frostig wird.
Die Kirche von Apetlon überragt die Dächer, die nun nicht mehr leuchten. Auch die Kirche selbst ist dunkelgrau, beinahe schwarz. Nur hoch oben, wie am höchsten Punkt des Himmels, jagen violette Flocken und lilafarbene Wolkenfetzen dahin. Es ist an der Zeit, sich nach einem Gasthaus umzusehen.

3.
Trappen im Raps

In Wien glaubt man vielleicht, daß die alten Herrenhäuser jener unvergeßlichen russischen Romane nicht mehr existieren: diese stämmigen Bauwerke unter wetterfesten Dächern, hineingestellt in einen Garten, der sich jenseits der ersten Umfriedung zum englischen Park ausdehnt und jenseits des zweiten Zaunes in Ackerland übergeht (doch ist das honiggelbe Licht der Fenster bei winterlich klarer Luft auch noch von den Feldern aus zu sehen); und auch die stur und verbissen hinter ihre Lenkräder geklemmten Autofahrer ahnen nichts von der standhaften Behaglichkeit im Schutze dicker Mauern hinter abendlich graphitgrauem Gebüsch. Nikolaj Gógolj hat die Welt dieser alten russischen Gutshöfe beschrieben: diese breiten Toreinfahrten, die niemals versperrt sind, da ungeladene Gäste ohnehin niemals wagen würden, bis an die Blumenbeete des kleineren inneren Gartens vorzudringen; diese Treppenhäuser und Gänge, mit allerlei Geweihen, Schädeln, ausgestopften Tieren, besonderen Stoßzähnen und Knochenresten und mit sonstigen Trophäen geschmückt; diese lautlos schreitenden Zimmermädchen in Schuhen wie aus Filz, mit der Verschwiegenheit irgend einer mongolischen Urgroßmutter in den regungslosen Mundwinkeln; und freilich diese Herren, die zur Zeit der Ernte schwitzend mittun, während sie sonst vor allem auf die Jagd gehen, in Sankt Petersburg die Aktivitäten der Getreidebörse beobachten, und an manchen Abenden die Zeit einfach vergehen lassen und den stillen Stunden nachblicken wie den Rauchwolken einer blonden Zigarre. Die Damen lesen und schreiben Romane, denken an die vorbeihuschenden Möglichkeiten irgendwelcher Romanzen, verbringen die heißen Wochen des Jahres an einem Badeort am Meer und bewirten ihre Gäste mit unauffällig herzlicher Grandezza, bescheiden und souverän, lebhaft lachend wie junge Mädchen und dabei umsichtig weise Lenkerinnen eines lautlos perfekten Arrangements, denn eine Nichte ist gerade anwesend oder eine andere junge Dame, die nun gute Manieren lernt und ihre handfesten Überzeugungen in kleinen Debatten erprobt. So ungefähr sind die alten russischen Herrenhöfe in den Büchern von Nikolaj Gógolj, und sie stehen offenbar immer noch, wenn auch vielleicht nicht in Rußland, sondern eine knappe Autostunde von Wien, östlich vom Neusiedler See.

Hier, im Seewinkel, wachsen kräftige, süße, duftende Weine, und über das Flachland hinweg gegen Westen sieht man die Umrisse der bereits halb alpinen Hügel; lang sind die Nachmittage bereits Mitte Januar, denn auf dem hohen Himmel steht der lilafarbene Widerschein eines fein durchbrochenen Abendlichtes; und glücklich muß sich preisen der Mensch, der hier in solchen Stunden Freunde hat. Er darf mit ihnen hinausfahren auf die winterlichen Felder, aus dem Automobil steigen und dann lange warten. Kalt, trocken, an der Haut prickelnd ist die Luft. Ab und zu rennt ein Hase quer über das Feld. Vögel ziehen vorbei. Nun ist es still, nichts scheint sich zu rühren. Endlich regt sich etwas. Die Feldstecher verschaffen Gewißheit. Es sind Trappen im Raps.

Wir wollen den Jägern nicht ins Handwerk pfuschen und nicht den Zoologen, und also bekennen wir gleich, wenig zu sehen, sehr wenig, doch genügt eigentlich auch das Wissen von diesen schweren, kräftigen Vögeln, die sich da kaum ahnbar im Graugrün des niedrigen Gewächses bewegen; dem schreibenden, lesenden, sprechenden Menschen genügt vielleicht sogar die Welt dieser drei Worte: Trappen im Raps.

„Trappen im Raps“: das ergibt eine merkwürdige, sehr burgenländische Melodie. „Trappen im Raps“: da gibt es ein gewichtiges Trapsen, ein geräuschvolles Huschen und Vorbeirauschen, ein Geknister und geheimnisvolles Poltern, ein Sich-Ducken und Sich-dann-doch-wieder-Aufrichten; die Trappen im Raps tragen auf ihrem kräftigen Körper schweres Gefieder, sättigen sich an den öligen Essenzen der Pflanzen, ziehen weiter, selbstbewußt und ein wenig ungeschickt, doch was kümmert sie der Schein oder gar die Meinung der anderen?! Ihre langen Schnauzbärte zittern ein wenig beim Zotteln, hoch halten sie ihre Köpfe, stolz, unnahbar, vielleicht ein wenig dümmlich; mit breiten Brüsten bahnen sie sich den Weg durch das zähe Gewächs. „Trappen im Raps“ — diese Melodie ist graziös und handfest zugleich, ist stark im Rhythmus, hat eine gewisse berückende Monotonie, ist Musik dieser Landschaft, dieser Atmosphäre, dieses Lebensgefühls, in dem sich das Wuchtige mit dem Zarten so eigenartig fest verbindet.

Das Herrenhaus hier, im Seewinkel, es entspricht dieser Musik, steht breit zwischen alten Bäumen, kaisergelb angestrichen wie Schloß Schönbrunn und wie etwa auch das kleine Lusthaus in Herkulesbad, also in Rumänien, unweit der Donau, errichtet vom Vater des Schriftstellers Heimito von Doderer. Er hat in Herkulesbad manches erbaut. Der Architekt dieses burgenländischen Schlößchens

ist jedoch unbekannt geblieben, auch war es gar kein einzelner Architekt: mehrere Baumeister hatten hier gearbeitet, hatten Verfallenes wieder repariert, umgestaltet, erhöht und erweitert nach dem Gebot der Bequemlichkeit und der Vernunft. Man wollte vor allem geborgen sein hier draußen und dabei doch auch die ausgewogenen Proportionen einer Architektur genießen, die sich am Barock orientiert hatte, gewaltig und tänzelnd zugleich. „Trappen im Raps. . .“ Die Reste eines Wassergrabens sind gerade noch auszunehmen, doch haben in diesem fetteren Stück Boden selbstverständlich die Blumenbeete ihren Platz; zur rechten Hand glänzen bleigrau die gläsernen Dächer der Treibhäuser und etwas weiter, hinter dem lichten Boskett, liegt bereits das schattige Kreideweiß des Dorfes. Es ist eine saubere Ortschaft, an Stelle einer viel älteren und in der Türkenzeit verödeten Gemeinde geschaffen für neu hergezogene Kolonialisten: ein Dorf im Zeichen jenes praktisch denkenden, maria-theresianischen Rationalismus. Ein Rest des Schwunges barocker Planung ist noch spürbar, allerdings bereits überwuchert durch Erfordernisse des täglichen Lebens. In einem zur Sommerzeit gewiß üppigen Blumengarten stehen billige, geschmacklose, kunterbunt bemalte Gartenmöbel und leuchten nun unangenehm grell aus dem ernsten Braun und Grau des schneelosen Winters heraus.
Hinter der Kirche, im Park liegt unbewohnt das große Schloß, ein helles Bauwerk, fast schwebend wie eine Fata Morgana. Hierher ist man im 18. Jahrhundert aus Wien herausgefahren, um auf der Terrasse zur Jausenzeit Gugelhupf zu essen und aus chinesischen Porzellantassen einige Schlückchen Schokolade zu trinken, in Samt und Seide gekleidet, mit weißen Perücken wohl geschmückt, allerdings bereits ländlich, in der koketten Einfalt des mühsam durch Frömmigkeit unterdrückten Rokoko — die Szenerien dieses hell schwebenden Schlosses gehören einem anderen Kulturkreis an als die Trappen im Raps als Wirklichkeit und als Melodie: höfische Szenen sind sie, parfümiert und wichtig, ja geradezu hi-

storisch, während um ein paar hundert Meter weiter im behäbigen Herrenhaus das Leben freier verläuft, ohne Rücksichten auf die weltgeschichtliche Perspektive, mit einer gewissen derben Anmut und liebreizenden Massivität.
Dieses grobkörnigere und doch auch geistvollere Leben ist in einem schönen Sinne des Wortes burgenländisch: ein Leben der soliden Berechnungen und phantasievollen Vergnügungen, die aber niemals überhitzt sind, kurios oder überspannt. Der österreichische Genius zeigt in dieser Lebensform ein anderes Gesicht als jenes merkwürdige, verschrobene, von Dämonen heimgesuchte Antlitz, das von Alfred Kubin zeichnerisch formuliert worden ist; auch paßt nicht hierher der kauzige österreichische Surrealismus von Herzmanovsky-Orlando oder jenes aus feinsten Kaffeehäusern erwachsene poetische Pathos von Hofmannsthal; hier spielen die Geiger eben „Trappen im Raps“, was in der Tat eine Melodie von Haydn sein könnte oder ein Thema von Maulbertsch, nicht als Abbildung, natürlich, sondern als das innerste Wesen buttergelber Wolkenformationen, in denen vollbusig buttergelbe Damen buntbekränzt schweben, während griechische Götter, die aussehen wie der benachbarte Gutsbesitzer, auf einer leichten Britschka über den rötlichen Horizont kutschieren, zwar einem neuen Herzensabenteuer entgegen, aber immer noch leicht betrunken. Auch das ist österreichische Lebensart: dieses Beschwingte und geradezu Possierliche, allerdings mit Speck gepolstert und mit Blunzen behängt. Die gewaltigsten Gänse waren früher einmal in den Dorftümpeln des Seewinkels beheimatet, diese Kombinationen aus schwanenweißem Gefieder und knusprigstem fetttriefendem Fleisch, und wenn die Musikanten ihren wohlverdienten Hunger bekamen, stachen sie ihre Messer in Gänseleber und Gänsebrust. Gewaltig staute sich das Blut in der Magengegend. Der Riesling danach schaffte freie Luft für einen feingesponnenen, auf die Violinen überfließenden Rausch.

Launiger, leichtfertiger, rücksichtsloser, schwebender und doch auch fetter war jenes andere, verlorene, halb vergessene Leben, grausamer und freigiebiger, manches Mal vom Schluckauf geschüttelt und ein anderes Mal vom Schüttelfrost. Unberechenbarer waltete das Schicksal, aber die Leidenschaften hatten mehr Raum zum Toben, und der Tod lag näher. Und näher lag also auch die Todesverachtung. Burgenländisch war es, zwischen heroischer Triebhaftigkeit und nüchterner Besonnenheit zu balancieren, wobei man die schöne Selbstzerfleischung der Ungarn genau so zu verachten wußte wie das nicht minder schöne Selbstmitleid der Wiener; und nur die finstere Unberechenbarkeit mancher großartigen Südslawen blieb ein unergründliches, aber allgemein bewundertes Rätsel. Burgenländisch war es, sich mit der einen oder anderen Nationalität zu identifizieren und sich von ihr zugleich loszusagen, und zwar einer größeren persönlichen Freiheit zuliebe. Burgenländisch war es auch, zu schuften, hart zu sein im Fordern und kompromißbereit im Trinken. Der Misthaufen und der Sternenhimmel waren hier so nahe . . . „Trappen im Raps“. Das alles ist längst vergangen und doch nicht vergangen, denn was jemals existiert hat, bleibt bestehen, bewußt oder unbewußt in seinen logischen Folgen und in seinen überraschenden Auswirkungen.

Und also wird auch das Herrenhaus noch lange existieren, dieser solide Bau im Seewinkel, errichtet in einem wuchtigen Bauernbarock, das auf seine derben italienischen Ursprünge stolz ist. Und über manche Krisen hinweg schwebt mit uns dieses Herrenhaus wie eine neue Arche Noah, in der Mensch und Getier und sogar die Weinrebe überdauert bis zum Tag, an dem man wieder landen kann auf dem Gipfel eines Berges, der nun nicht Ararat heißen wird, sondern Atlantis oder Himalaya oder Geschriebenstein oder vielleicht Ötscher, denn in diesem Berg könnte, nach Jörg Mauthe, die Chance liegen für eine mythologische Erlösung der Menschheit durch österreichische Schlamperei.

Man hat plötzlich den Eindruck: die Figuren, die Nikolaj Gógolj beschrieben hat, sind gar nicht verschwunden, sondern sie ziehen, etwas schrullig, aber wohlgelaunt, da von den eigenen Schrullen überzeugt, von Land zu Land. Nun halten sie sich gerade im Seewinkel auf, tragen guten englischen Tweed, tragen gute französische Seide, reichen einen leicht bitteren und also erfrischenden Roséwein zum sachkundig gebratenen Wild, und führen nachmittags ihre Freunde zu den Trappen im Raps. Leben ist offenkundig etwas, das still verläuft, lautlos rieselnd, leise wirkend, gleichsam kristallinisch. Hier ist nicht nur das Ergebnis zu sehen, sondern auch der Vorgang.

Ein Schloß im Strömen der Zeit

Das Wasserschloß von Kobersdorf liegt breit, rundlich, geduckt am nördlichen Ende des Dorfes, von einem Graben umgeben. Fest sind die Mauern; man hat das Gefühl: sie wachsen mehr in die Breite als in die Höhe. Nichts türmt sich, alles lebt nach innen, zeigt sich nach außen als Bollwerk, Höhle, Versteck. Doch manche ursprünglich hell bemalten und nun wieder hellen Mauern bilden einen natürlichen Hintergrund für die handfeste Heiterkeit des selbstbewußten ländlichen Lebens, für allerlei Fettes und Derbes, das zur handfesten Anmut emporstilisiert werden kann in den verwegenen Träumen junger Frauen bei Mondschein. Das Schloß ist für gute Nächte gebaut. Man spürt hier, zwischen der Anhöhe von Sieggraben und dem Bergland von Landsee, die mildere Anmut des breiten Tales: diese Einladung zum Rasten im Schutz jener hellen Mauern, Trinken im wohlbehüteten Garten bei labyrinthischem Geschwätz, während oberhalb von Sieggraben die Wälder rauschen und in der Ruine Landsee das Geröll poltert — ja, dieses Wasserschloß ist nicht durch das trennende Wasser, sondern viel mehr dem Geist des Ortes gemäß eine Insel.

Das Wasser übrigens ist längst verschwunden. Wer hat es urprünglich hingeleitet? Er hat jedenfalls etwas getan, das selbstverständlich war, denn Kobersdorf hatte und hat immer noch Wasser genug. Das Heilwasser einer Quelle entspringt mitten in der Ortschaft, reichlich und bedrohlich sind zudem die Gewässer des Tales, die das Dorf 1895 überschwemmten. Es lag ganz offenbar auf der Hand, gerade hier, in der flachen feuchten Tiefe des Talbodens, ein Wasserschloß zu errichten. Sümpfe hatten in den Plänen der Verteidigungsstrategen eine natürliche Bedeutung, und wenn ein Bauwerk nicht durch seinen Platz in der Höhe der Berge beschützt werden konnte, so mußte das Erdhafte als Vorteil gewonnen werden. Man grub sich ein und umgab sich mit den lautlosen finsteren Tümpeln des Grundwassers. Frösche quakten gegen Abend.

Erbaut wurde das Schloß zwischen 1222 und 1229, und zwar von einem Grafen Pósa, der auch über Weppersdorf und über Lackenbach herrschte, ziemlich frei, nämlich im Sinne jener Goldenen Bulle, die König Andreas II. erließ, erlassen mußte, heimkehrend aus dem Heiligen Land, wo er mit wechselndem Glück gegen die Sarazenen gekämpft hatte, während sich seine freien Herren an der langen Abwesenheit des Königs ergötzten, Macht und immer mehr Macht an sich brachten und zuletzt auch noch jene Goldene Bulle ertrotzten: das Gesetz, das die neu gewonnene oligarchische Gewalt für ewige Zeiten sichern sollte. Es war übrigens die Zeit, in der Franz Grillparzer sein politisches Drama „Ein treuer Diener seines Herrn“ spielen läßt; mit dem Bau des Wiener Stephansdoms wurde gerade erst begonnen; der Heilige Franz von Assisi beendete die Niederschrift seines „Sonnengesanges“ und verstarb; in Italien entstand die Gedichtform des Sonetts, und in Deutschland wurde, angeblich, die erste Giraffe gezeigt.

Mächtig behaart waren damals die Bewohner des neu erbauten Schlosses, mit Pelz behangen und mit dichtem Bartwuchs geschmückt, mit zotteligen Hemden aus Filz ausgestattet und dicht belockt an der Brust. Brot kannten sie nicht, aßen gebratene Grütze mit viel Fett und mit viel Wein; auch kochte man fünf Kilogramm Fleisch pro Berittenem pro Tag. Kein Wunder, daß die Küchen

mächtig waren, halbe Baumstämme überwölbten: riesige Tische, die man aufstellte, bevor man mit dem Bau der Mauern begann, denn durch Türen und über Treppen hätte man solche Kolosse nicht hereinschaffen können.
Bereits zwei Jahre vor der Vollendung der kleinen Burg wohnten Leute hier, Leute oder Geister, nämlich Kobolde; aus dem Jahr 1277 ist hier als Kastellan ein Herr Suur von Kobolt erwähnt, vielleicht so benannt nach Kabold, wie die Ortschaft ungarisch hieß, vielleicht aber tatsächlich ein Kobold, der die durchreisenden Raufbolde und Unholde mit saftigen Späßen schelmisierte, die im unruhigen Frühlingswind aufgeblähten Rundungen der fröhlichen Mädchen mit Windesfingern betastete, die mächtigen Weinfässer in wenigen Minuten leersoff und auch sonst manchen Schabernack trieb, der einem eigentlich gut zu Gesicht steht, wenn man Kobold heißt und im Mittelalter beheimatet ist, in der Nachbarschaft von holden Jungfrauen, die nichts Besseres zu tun haben, als das feinsinnige Einhorn zu kosen, während ihre Verehrer sich mit Drachen balgen und in Drachenblut baden, in Begleitung eines Lautenspielers, denn: auch Drachenblutbäder wollen ihre Form haben, und in der Heiterkeit des Schlosses Kobersdorf achtet man auf tadelloses Benehmen.
In dem beinahe unentwirrbaren Durcheinander von Scharmützeln, Gefechten, Wirtshausraufereien und ritterlichen Zweikämpfen, das als „Güssinger Fehde“ bekannt geworden ist, kam die kleine runde Burg an Herzog Albrecht I.; Habsburger schenkten sie dann an die Grafen von Mattersdorf weiter, die aus Spanien gekommen waren in Begleitung ihrer Vasallen, Diener und Juden; — das war im selben Jahr 1323, in dem in Brandenburg die Wittelsbacher zur Herrschaft gelangten. Von einem Grafen Wilhelm wissen wir, der dreißig Jahre hindurch in Kobersdorf wohnte, beschützt vor den Grausamkeiten der Hussitenkriege, beschützt auch vor der Tanzwut, die um das Jahr 1418 herum die Europäer erfaßt hatte: ein Massenwahn ist es gewesen,

scheinbar religiös gefärbt, ein sonderbarer Ausbruch der Unvernunft während der süßen Fülle der Hochrenaissance: Menschenmassen wälzten sich auf den Plätzen und Straßen, zitterten, bebten, sprangen umher fürwahr wie vom Teufel besessen, während in Kobersdorf der gute Wilhelm seine Gärten pflegte und in der Stille dem Summen seiner Bienen zuhörte, weit entfernt von all den Torheiten der exaltierten Mode. Zwölf Jahre später kam die Burg in den Besitz des Kaisers Friedrich. Erst hundert Jahre später erscheinen als Schloßherren die Grafen Kéry, gute Bauherren: ein schöner Brunnen trägt ihr Wappen und auch die Barbakane ist ihr Werk, errichtet acht Jahre nach dem Ende des Dreißigjährigen Krieges, also gewissermaßen *post festum*, doch waren die Türken noch in der Nähe, auch drohte bereits der ungarische Bürgerkrieg zwischen den Freunden des Hauses Habsburg und seinen Gegnern, die man „Kuruzen" nannte nach dem Kruzifix, das sie trugen als Zeichen ihrer christlichen Bereitschaft, gegen die Türken zu fechten, die sich jedoch letztlich als Verbündete entpuppten. Am Höhepunkt dieses Krieges, 1704, kam die Burg an die Fürsten Esterházy, die kaisertreu waren und als Kämpfer für die siegreiche Sache mächtig.

Doch die Fürsten waren fern; in Kobersdorf wollte die Geruhsamkeit kein Ende nehmen; gelangweilte junge Damen spazierten die Dorfstraße entlang, blickten den herabfallenden herbstlichen Blättern nach, dachten an Bälle, die sie wegen einer harmlosen Erkältung nicht hatten besuchen können, sehnten sich nach einem Ehemann, den sie nicht kannten; entsetzt und entzückt betrachteten sie die auf Leiterwagen vorbeiziehenden Komödiantentruppen, bis der aufgewirbelte Staub auch den letzten schäbigen Flitterglanz verdeckte und dann plötzlich Schnee fiel, als wäre zwischen dem Auftauchen der Gaukler und dem Einbruch der winterlichen Witterung nur ein Augenblick vergangen — und dabei waren es Wochen und Wochen gewesen, die vorbeigezogen waren in der Eintönigkeit leichter Schwermut. Ausgeschlafen waren die jungen Damen und angesichts der aufdämmernden Ziellosigkeit ihres Lebens leicht hysterisch, doch mit der Überwindung der ersten Jugend, mit der Ehe und spätestens mit den ersten paar Kindern kamen sie dann zu sich und gelangten zu einer handfesten und sehr realistischen Beurteilung der Dinge. Gesund und rund waren ihre Kinder wie Melonen, und ihre Männer bekamen mit der Zeit achtbare, geräumige Mägen, denn lang gekochte Suppen wurden zu jeder Mahlzeit feierlich serviert. Hin und wieder machte man Besuche bei den Nachbarn, dann und wann ließ man sich in die Stadt fahren, ab und zu besuchte man auch Bäder, um ein Frauenleiden zu kurieren oder die Langeweile zu vertreiben. So verging die Zeit. Irgendwo in der Ferne gab es Eisenbahnen, die zwischen Sankt Petersburg und Nizza verkehrten oder zwischen Paris und Istanbul hin- und herrasten, aber in Kobersdorf klatschten währenddessen nur die Maulbeeren auf den sommerlich trockenen Boden und wohlerzogene, milchgesichtige, zerstreut dahinschreitende Gespenster zogen durch die Räume der Burg, und zwar bereits gegen zehn Uhr abends, denn auch die Gespenster wollten bereits lange vor Mitternacht zu Ruhe gehen.

Das ist nun anders. Im stillen Aufblühen des Burgenlandes ist Kobersdorf keine Insel geblieben. Das Wasserschloß wurde wiederhergestellt als ein Ort des Vergnügens, und zwar in dreifacher Hinsicht. Man kann nun in Kobersdorf zwischen den dicken Mauern übernachten, man kann im Schloßkeller zu Abend essen, und außerdem wurden ein paar Ausstellungsräume eröffnet, in denen nun gerade Glas zu sehen ist, denn im nahe gelegenen Stoob ist an der Schule für Keramik und Ofenbau nun auch ein experimenteller Glasofen aufgestellt worden, und die ersten Produkte dieser neuen Werkstatt können sich in der Tat sehen lassen.

Aus Böhmen sind die Meister dieses Glasofens nach Stoob gekommen, aus der großen Tradition dieser geduldigen und wendigen Kunst; Zdenek Stahlavsky heißt der eine, Jindra Beranek der andere; Männer zwischen vierzig und fünfzig; weltbekannt; und nun stehen ihre Objekte im Schloß zu Kobersdorf: seltene Schätze, in der kleinen runden Festung zusammengetragen, aber nun nicht mehr verschlossen, sondern der Öffentlichkeit zur Verfügung — und also findet der kompakte ländliche Bau wieder eine Funktion als Mittelpunkt des Sinnens und Strebens, unaufdringlich und doch wirksam, ja gerade durch die Zurückhaltung wirkend: in jene Tiefe hinein, in der unsere unbewußten Vorbilder entstehen, in der unsere Zuneigungen und Abneigungen eine erste, kaum noch geahnte Form finden, in der als Wunsch alles das kumuliert wird, was wir als Lebensform und als Geschmack bezeichnen. Man spricht in diesem Zusammenhang von Re-Vitalisierung oder von der Zuweisung einer neuen Funktion, in Wirklichkeit aber ist der Strom der Vitalität niemals abgerissen und auch die Funktion ist nicht neu, wirkt bloß auf erweiterten Gebieten. Die Baumeister von Schloß Kobersdorf sind von irgendwoher in diese Gegend gezogen und dann weitergefahren; wir kennen sie nicht; Bildhauer haben hier gearbeitet und Kunstschmiede und Keramiker; sie sind unbekannt geblieben; und nun bringen die Meister aus Böhmen ihr Wissen hierher, ihre Sehnsucht nach Form und ihre Liebe zum Material. So kreuzen sich die Wege, überlagern einander die Schichten, so bildet sich allmählich die Kultur aus den Gesten des Wollens und auch aus den Hohlräumen der Stille. Es gehört zum Wesen der Dinge, daß sie manchesmal innehalten und dann wieder wachsen und wuchern — Schloß Kobersdorf ist nur ein Beispiel dafür.*

---

* Ein Beispiel: Bei Drucklegung dieses Buches hat es, so versichert man, im Schloß keine Ausstellung gegeben, auch war es nicht möglich, im Keller zu Abend zu essen. Dagegen wird zur Sommerzeit im Hof des Schlosses vortrefflich Theater gespielt. Ich streiche dennoch kein Wort: in der Hoffnung, die Unterbrechung wird nicht allzu lange dauern. *G. S.*

Elf Krüge

Öl auf Leinwand, 39×50 cm, 1965

Vollmond — Öl auf Holz, 31×38 cm, 1967

Gespenster auf Landsee

Auch die Gespenster lassen sich einen dicken Speck wachsen im Monat Dezember, wenn sie zwischen den hohen Mauern der Ruine Landsee geistern wollen; vielleicht aber sind all die winterlichen Kobolde durch zottelige Behaarung geschützt, durch den sogenannten Gespensterpelz, der in manchen sternlosen Nächten angeblich glitzernd leuchtet und den spät heimwärts torkelnden Betrunkenen auf diese Weise den Weg zeigt — denn gerade die guten und erfahrenen Trinker wollen nicht unter freiem Himmel übernachten, da sie im letzten wachen Funken ihres Bewußtseins das herannahende Schneegestöber voraussehen und den Schulkindern des kommenden Tages den Anblick einer knallrot alkoholisierten, jedoch sonst in eine Eisschichte geradezu hineinkandierte Leiche ersparen wollen. Kurzum: unten, in Kobersdorf, möchten manche Herren auf die bepelzten Gespenster der Burg Landsee nicht verzichten. Haarsträubend ist in diesem Winkel mitunter das Wetter im Winter. Vom Osten weht eisige Luft heran und bringt ab und zu schwarze Vögel mit sich, die im Fluge erstarrt sind und nun auf dem Rücken des Windes leblos treiben; aus westlicher Richtung strömt die kristallklare Kälte der niederösterreichischen Berge herab, die nun von knirschendem Neuschnee bedeckt sind. Die östlich trockene und die westlich feuchte Kälte bilden hier, gerade hier, um den Felsvorsprung der Burgruine Landsee, eine klare, quirlige, menschenunfreundliche Mischung. Deshalb sagte man früher, daß in Landsee auch die Seelen meistens Haare lassen müssen und die „Landseer Gespensterhaare“ waren im näheren Umkreis der Burg noch im 18. Jahrhundert bekannt als Mittel gegen Rheuma, Melancholie und unerwünschten Kindersegen. Unter dieser Bezeichnung wurden Büschel des sogenannten Gamsbartes verkauft, der ja gar kein Bart ist — doch wollen wir uns nun nicht in den alpinen Regionen der grünen Jäger verlieren, obwohl solche ehemals im Dienste der Herrschaft Landsee so manche Böcke geschossen haben, ab und zu aber auch Kälber und Schafe und, wie bei schlechter Sicht nicht anders möglich, selbstverständlich auch Schäfer. Auf diese Erfahrung geht die drohende Ermahnung zurück, die heute freilich nur ab und zu von einem besorgten Ohm oder von einer ängstlichen Muhme vorgebracht wird, einem unartigen Kind der Verwandtschaft gegenüber: „Paß nur gut auf, gleich kommt der grüne Jäger!“ Womit, um es kurz zu sagen, der Henker gemeint ist, nämlich ein Mensch, der bei seinen Schießereien ab und zu auch eine Seele in den Himmel oder in die Hölle befördert. Die Drohung erzeugt vielleicht manche Neurosen, aber bewegt zugleich sicherlich die Phantasie. Auf dem Weg zur Ruine Landsee sind jedenfalls an sommerlichen Ausflugstagen lauter fröhliche Gesänge zu hören; ein blinder Geigenspieler steigert die Lust herbeigeströmter Biertrinker; und überhaupt gebärdet sich alles in der Manier des ehemaligen Burgvolkes, vom grünen Jäger immer noch beeindruckt.

Landsee, die Ruine im Winter, bleibt unbesucht, nur von jenen speckigen und haarigen Gespenstern bevölkert, hingebaut auf die vorspringende Nase eines Berges, wahrscheinlich zum Schutz der Steiermark. Im Jahre 1173 wird ein gewisser Erchinger von Landesere besungen. Sein Name steht in einer Reim-Chronik. Kaum fünfzig Jahre später durfte ein bestimmter Nikolaus, Sohn des Barez, mit den Gespenstern ringen, ein Herr übrigens, der sich dann das ganze Komitat Lutzmannsburg unterwarf, bis an die Grenze der Stadt Ödenburg. Von da an klappern die Gespenster im Dachstuhl des dicken Wehrturmes nicht mehr ganz so laut wie früher, denn bei schönem Wetter wird auf den Basteien abendlich oft musiziert und getanzt, im Winter aber werden die enormen Kachelöfen tüchtig geheizt, so daß die Holzscheite manches Mal knallend und krachend explodieren — bei diesem Lärm aber haben die unartigen Seelen keine Lust mehr, ihr bescheidenes Poltern dem allgemeinen Getöse beizumischen. Bis zum Jahre 1772 bleibt die Burg nun bewohnt, fünfhundert Jahre also! Zwanzig Generationen ziehen ein und aus, meistens gut bewaffnet, denn Wölfe halten sich im Röhricht und Dickicht versteckt, Räuber hausen in Höhlen, lauern in Hohlwegen, spähen von den Wipfeln der Bäume aus ins Tal hinunter, während um sie herum die Sperber kreisen; außerdem marschieren immer wieder Heere vorbei, Reiterscharen liefern einander leichte Gefechte, denn nur selten ist der eine Burgherr mit dem anderen Burgherrn ganz zufrieden, ab und zu winkt auch verlockende Beute: eine Ladung von seltenen Gewürzen aus Ost-Indien, oder Seide und Samt aus Flandern, oder auch nur ein süßes Fräulein, das gerade zu seinem Bräutigam gebracht werden soll. Die Familie der Athinai, die über Landsee herrscht, kann sich so manches erlauben, und der Palatin, Nikolaus Garai, gehört zu den wenigen Herren des Königreiches, die selbst in Gegenwart eines Mitgliedes des Herrscherhauses ausspucken dürfen, freilich nur hinter vorgehaltener Hand. Jetzt erst geht es so richtig los mit dem Waffengeklirr. Die Herrschaften Landsee, Kobersdorf und Forchtenstein kommen zu Habsburg, und zwar in den Besitz jenes fünften Friedrich, der als römischer Kaiser Friedrich III. genannt wird. 1452 wurde dieser Herr in Rom zum Kaiser gekrönt, was ihm jedoch auf dem Gebiet der Finanzen wenig nutzte, denn mit leerem Magen und mit einer recht mageren Geldbörse zog er von Burg zu Burg, etwa so wie manche Könige in den Stücken von William Shakespeare. Er versuchte, die Steuern selbst einzutreiben und seinen Hofstaat bald da, bald dort bewirten zu lassen. Es war die Zeit der ersten großen Inflation, die Währung war so schlecht wie niemals zuvor, also nützte es auch nicht viel, wenn Friedrich neue Münzen prägen ließ. In Landsee saßen seine Getreuen bei Schmalz und Fladen, tranken den sauersten Wein und würfelten einander gegenseitig das Geld ab — nach manchen Quellen gab es in der Burg Landsee während dieser Zeit nur ein einziges Goldstück, das allerdings den Besitzer täglich wechselte: so kam man dann ab und zu doch zu Geld. Friedrich verzagte nicht. „Es ist Österreichs Bestimmung, über den Erdkreis zu herrschen", dieser Wahlspruch ließ ihn so manches ertragen. Auf Landsee mußte er sich dann zurückziehen; das Schwarze Heer des Matthias Corvinus war einmarschiert, auf dem Weg nach Wien oder unterwegs nach Böhmen, wie man will, denn Friedrich und Matthias führten Krieg gegeneinander, was sie aber nicht daran hinderte, gemeinsam einen dritten zu bekriegen: den Böhmenkönig Georg Podjebrad und seinen Nachfolger, der aus Polen stammte, Wladislaw hieß und in allen Angelegenheiten der Herrenmode ein sicheres Urteil hatte: er war der eleganteste unter den dreien, sagte zu allem ja und amen, nämlich „Dobsche, Dobsche", das heißt „Gut, gut", und überließ das Regieren den böhmischen Ständen. In Landsee hauste indessen ein Ritter mit dem schönen Namen Ulrich von Grafenegg. Er stand in ungarischen Diensten, wenigstens bis zum Jahre 1490. Da starb Matthias in Wien, angeblich an den Folgen einer Vergiftung, die Ungarn zogen sich eilig zurück, auch Ulrich von Grafenegg konnte sich nicht lange auf Landsee halten, räumte die Burg, die von nun an einem Herrn Ulrich von Weissbriach gehörte. Nicht sehr lange. Denn Ulrich starb und hinterließ eine Witwe, hinterließ sie dem Ritter Magusch, der aber kein ordentlicher Ritter, sondern ein Raubritter war. Franz Magusch jedoch blieb nicht lange der einzige Räuber auf Landsee; er hatte

bald eine ganze Bande gesammelt, eine Schar von Messerstechern und Saufbrüdern, die die Gegend zwischen Preßburg und Rechnitz unsicher machten, doch die Schätze der Burg ununterbrochen vermehrten.
Die grünen Jäger mußten Hirsche und Rehe ohne Zahl herbeischaffen, im Burghof wurde das Wild auf offenem Feuer gebraten; verschleppte Burschen schafften aus dem tiefen Keller den Wein herbei: halb Sklaven, halb Kumpane des nächsten Raubzuges; gänzlich entehrte Mädchen kreischten im Hintergrund, sobald einer der feinen Kavaliere eine neue Zote erzählte; auf einem Lager aus gestohlenen Pelzen, geraubten Teppichen und requirierten Seidentüchern lag Gertrude von Weissbriach, Herrin und Witwe, nicht ganz frei von Erinnerungen an den verstorbenen Ulrich, der solches Gesindel in der Burg keinen Augenblick geduldet hätte — doch was alles tat man nicht, so lange man noch ein wenig jung war! Groß ist die Versuchung, schwach der Mensch, und die Zeiten sind böse: ein Martin Luther zwickt und zwackt die Heilige Kirche, in Mähren gründen die Wiedertäufer ganze Dörfer, der Reichstag in Speyer überläßt alles den Landesfürsten, man muß Nachsicht haben, man muß vorsehen; unlängst hat Franz Magusch sogar eigene Münzen prägen lassen, die so aussehen wie die Münzen des Kaisers. Unten in Kobersdorf befindet sich die kleine Werkstatt. Mein Gott, was für Zeiten!
Es sind die Gespenster dieser Epoche von Landsee, die es in winterlichen Nächten, bespeckt und behaart, am tollsten treiben, doch zieht ab und zu auch eine stille und würdige, allerdings kopflose Gestalt durch die Luft: es ist dies der Ritter Erasmus Teufel, der später ebenfalls auf Landsee residierte, wackerer Kämpfer gegen die Türken — er wurde gefangengenommen und 1552 in Konstantinopel enthauptet, nun aber kehrt er zurück, allerdings ohne Kopf, denn diesen hatte der Henker seinerzeit in das Marmarameer versenkt. Zehn Jahre später erscheinen die Jesuiten von Tyrnau, hausen hier ein paar Jahre, werden wieder vertrieben; ihnen folgen ein

paar magyarische Herren; einer von ihnen hat eine Tochter, sie heißt Ursula, Ursula Dersfy, und ist wunderschön, spaziert bei Mondschein auf den Basteien, züchtet Rosen und Nelken, läßt sich Melodien von Monteverdi vorspielen, empfängt feine Kaufleute, die ihr den einmaligen Glanz der „Bologneser Steine“ vorführen, kurzum, sie ist eine junge Dame von Liebreiz und Bildung. Sie heiratet den Palatin, den großen Nikolaus Esterházy, zieht mit ihm nach Lackenbach ins neu erbaute Schloß und damit ist die Geschichte der Burg Landsee eigentlich beendet, obwohl sie noch ein halbes Jahrhundert bewohnt wird von einem hinkenden Kastellan und seiner stummen Ehefrau, die jährlich einen Zahn verliert. Im Jahre 1740 fällt der erste Zahn aus, 1772 der letzte, und in diesem Jahr wird die Burg aufgegeben. Die Einrichtung kommt nach Forchtenstein, der Kastellan und seine zahnlose Frau ziehen ins Tal hinunter, doch erst nach ein paar Jahren spitzen die Gespenster die Ohren, hören die Stille, entdecken die ersten Zeichen des Verfalls, und nun geht es los: während des ganzen 19. Jahrhunderts wird in der Ruine Landsee nächtlich getobt und geklappert, gegeistert und gespukt, so daß die Wände wackeln und nicht nur wackeln, sondern bersten und stürzen. Erst die Gespenster machen aus Landsee eine merkwürdig kahle Ruine.

Wenn man an einem frühen Nachmittag im Winter vor dem ersten Burggraben stehenbleibt und über die Zinnen der Vorbefestigung hinweg auf den Donjon emporblickt, sieht man mitunter die zotteligen Tänzer, die auf Bocksbeinen umherspringen und mit rostigen Tschinellen den Takt schlagen. In einem Keller bläst irgend jemand den Dudelsack, und das Gespensterfell schimmert im Nebel silbrig. In Jahren, in denen sich Fräulein Ursula auf den Zinnen zeigt, gibt es viel Schnee und fette Gänse.

Lutzmannsburger Trilogie

1.
Stille des Frühlings

Unlängst, in Lutzmannsburg, zogen drei alte Frauen mit drei neuen Kinderwagen an der weißen Häuserfront vorbei. Der späte Vormittag war sehr hell. Die drei dürren schwarzen Gestalten warfen fleischige Schatten auf den staubigen Asphalt der Straße, auch die Schatten der Kinderwagen wirkten bauchig, hatten die Form von leicht schaukelnden Galeeren.

Es war sonderbar still. Die alten Frauen sprachen nichts; die Säuglinge schliefen. Etwas später hielt ein Lastwagen vor dem Gasthaus, in dem die Bohnensuppe durch unerforschliche Gedankengänge unbekannter Namensgeber ausgerechnet an den Film „Bonanza“ erinnern sollte. Der Motor ratterte wild. Ein Hund begann heiser zu bellen. Man brachte das Bier. Die drei alten Frauen waren da bereits verschwunden.

Doch hatte sich das Bild in die Erinnerung eingeprägt; und das Ohr wollte wieder jene Stille hören. Es kam der Nachmittag und das Dorf lag regungslos da, lautlos, wie in sich selbst versunken.

Man sah jetzt weit hinaus: über die flachen Felder weg, auf die Grenze zu. Der Anblick lud zum Spaziergang ein. Oft ist es nicht die Verlockung einer gepriesenen Sehenswürdigkeit, die uns in die Weite hinaustreibt, sondern die Leere und in ihr, rätselhaft, die Vorahnung eines Abenteuers.

Es geschah aber nichts. Nichts Bemerkbares, nichts für die Augen und die Ohren. Diese horchten nach innen, und auch der Blick war nach innen gerichtet. Wie seltsam — dachte im Menschen der nimmermüde Beobachter seiner selbst —, wie seltsam: diese Anspannung der Sinne, dieses Spähen und Lauern angesichts eines flachen Feldes! Da gebärdet sich das Gefühl sprungbereit und bekommt doch nichts zum Fassen.

Die leichte Verwunderung war plötzlich verflogen, da war etwas aufgetaucht, mächtig, noch ohne klare Umrisse — die Aufmerksamkeit hatte ihr Ziel gefunden, zwar nicht in der Landschaft, sondern in der Erinnerung. Da lag er nun wieder, schmerzhaft und lebendig: dieser längst versunkene Tag einer fernen Kindheit. Pflanzen dufteten bedrohlich; Hundemilch durfte nicht in den Mund genommen, ja nicht einmal berührt werden, denn die weiße Absonderung des Stieles war pures Gift; etwas huschte im Straßengraben auf einen Strauch zu, dessen Blätter dick waren, staubbedeckt, faltig, wie in Elefantenhaut gewickelt; im Zoo hatte man das riesige Tier gesehen und jetzt war es wunderlicherweise da und trotzdem nicht wirklich vorhanden; und man war allein! Und sah auf einmal sehr deutlich, wie das war: allein zu sein. Hier, in Lutzmannsburg, schien die Kinderzeit nahe. Man wandte sich um, ging zurück in das Dorf, schlenderte langsam, langsam. Die Giebelhäuser standen auf ihren alten Plätzen, und Hunde lagen träge im Schatten der weiß getünchten Arkaden. Zur linken Hand, jenseits des Flüßchens, trug der langgezogene Weinberg frisches Grün. Dort oben stand auch die Kirche: wie eine Festung.

Und in der Tat, diese Kirche ist zum Teil aus den Steinen der ehemaligen Komitatsburg erbaut worden; auch sind die Reste der Wallanlage noch sichtbar. „Das Fortdauern der karolingischen Besiedlung des Gebietes bis ins 12.

Jahrhundert nimmt die Forschung heute als gesichert an", so steht es im Großen Schmeller zu lesen. Und damit sind wir inmitten der historischen Ränkespiele und Winkelzüge. Wir wissen, daß Mitte des 12. Jahrhunderts die Grundherrschaft einem deutschen Ritter gehörte, der entweder Gottfried hieß oder aber Albrecht — denn gemeinsam wurden die beiden Herren beschenkt, und zwar vom ungarischen König Géza II. Ein gewisser Iwan von Lusman erhob Protest gegen die königliche Schenkung, jedoch ohne Erfolg. Hundert Jahre später gehörte die Festung einem Herrn Konrad von Altenburg, doch nicht sehr lange. König Béla IV. versuchte nach dem Mongoleneinbruch, seinen Staat neu zu organisieren und stützte sich selbstverständlich auf den engsten Kreis jener Herren, die sich für die Politik des Hofes wiederholt eingesetzt hatten. Zu ihnen gehörte auch Herr Lorenz, Mitstreiter des Königs in der Schlacht von Mohi, nach dem Rückzug der Mongolen unter anderem Wojwode von Siebenbürgen, Befehlshaber der Grenzgebiete, beinahe so etwas wie ein Minister für innere Sicherheit. Dieser wurde nun auch noch zum Ödenburger Obergespan ernannt und auch mit Lutzmannsburg belehnt. Sein berühmtes Geschlecht der Athinai beherrschte von nun an mit den Grenzfestungen Lutzmannsburg, Landsee und Neckenmarkt den größten Teil des heutigen Bezirkes Oberpullendorf. Zu dieser Zeit wurde in Lutzmannsburg bereits Wein angebaut.

Und wieder stiegen Bilder aus der Erinnerung empor: Man war unter einem Marillenbaum gestanden, auf der warmen, rötlichen, lockeren Erde, barfuß, die gute Glätte des Bodens an den Sohlen, und Wein wuchs ringsherum; bläulich besprenkelt hatten die Blätter geglänzt; man war allein, ganz allein hierher emporgestiegen, vielleicht um die eigene Einsamkeit zu genießen, dieses Schwärmen und Leiden, diesen seligen Trübsinn, dieses Selbstmitleid, das in Mitleid mit allen anderen Menschen überging, sodaß aus dem anfangs noch formlos strömenden Gefühl eine verbissene Entschlossenheit entstand, eine rebellische Nüchternheit und mannhafte Lust, uns alle zu befreien! — ja, man war allein gewesen und doch mit der ganzen Menschheit identisch: dreizehnjährig, allein im Weingarten, berauscht, ohne auch nur einen Tropfen getrunken zu haben. Mit dem Trinken hat man erst viel später begonnen, aus Neugierde und um erwachsener zu wirken und dann wegen des Durstes; sachte hat man sich auf dem Gebiet der Weinkunde vorwärtsgearbeitet, hat experimentiert, hat die eigenen Organe dem Experiment zur Verfügung gestellt — und nun tauchen sie auf: diese vielen Weine, die man alle gekostet hat im bitteren Mandelgeruch eines nebligen Herbsttages oder in der süßen, zu süßen Duftwolke des vollen Frühlings. Hier, in Lutzmannsburg, dürfen wir freilich nur an einen Rotwein denken, an einen Blaufränkischen vor allem.

Der Ursprung dieser Rebe ist bisher ungeklärt. Erst um die Mitte des vorigen Jahrhunderts ist sie aufgetaucht, und zwar im Elsaß, in Frankreich, in Südwestdeutschland und in Österreich zugleich. Die Deutschen waren der Meinung, sie sei aus Österreich gekommen und nannten sie Limberger oder Lemberger, die Österreicher vermuteten ihren Ursprung in Franken; und der Ampelografische Kongreß in Colmar, 1875, hat sich dann auch für diese Bezeichnung entschieden. Seither heißt der Wein „Blaufränkisch", ganz offiziell. Was die Deutschen nicht daran hindert, ihn weiterhin als einen „Limberger" oder „Lemberger" zu bezeichnen.

Der Blaufränkische von Lutzmannsburg kann hohe und höchste Qualität erreichen. Er funkelt zwar feurig im Glas, ist aber eigentlich bescheiden, wenigstens im ersten Augenblick des Kostens. Seine wirklichen Gaben erfahren wir erst während des behutsamen Schluckens. Die heilsame, kernig schmeckende Gerbsäure wird von etwas listiger Süße umspielt, während die fruchtigen Duftstoffe über den Gaumen streifen; nun erst entdeckt man Fülle und Reichtum, ist auf einen lange währenden Nachgeschmack vorbereitet, doch werden all die Erwartungen

noch übertroffen. Der Nachklang dieses Weines ist kräftig. Und nicht nur sein Nachklang. Der sonst ziemlich zurückhaltende Fachschriftsteller Ernst Hornickel reiht den Blaufränkischen zu den edlen Medizinen. Er schreibt: „Ein Rotwein, den die Doktoren gern empfehlen, weil sie wissen, daß er die Atmung vertieft, den Kreislauf belebt, den Intestinaltrakt anregt, einen erheblichen diuretischen Wirkungsgrad zeigt und überhaupt alles Gute für den Stoffwechsel tut, was Rotwein nur tun kann, ohne die Nachteile zu haben, die man manchen schweren, vollbusigeren Rotweinen nachsagt."
Was will man mehr?
Ja, man hatte seinen Hornickel gelesen und all jene finsteren Gründe bedacht, die den Rausch wünschenswert machten: vielleicht als eine Form des Flüchtens, vielleicht aber auch als eine radikale Art der Selbstbefreiung, wer weiß? Man ist ein Erwachsener geworden, hat Verfolgungen überlebt, hat es mit Müh und Not immer wieder fertiggebracht, der verführerisch glänzenden Schar der Verfolger fernzubleiben, hat sich für das Alleinsein entschieden, das heißt: für die nachdenklichen Freundschaften, die an sogenannte Gruppenbindungen kaum erinnern — und ist auf diese Weise hierhergekommen, als Besucher, in die Stille von Lutzmannsburg, in die gedankenverlorene Heiterkeit dieses Nachmittages auf dem Weinberg, unter dem die Rabnitz fließt, vorbei an jener geräumigen Wassermühle, die nun leer steht, auf friedlich werkende Bewohner wartend.
Still, wie in sich gekehrt liegt das Dorf im Licht eines endlosen Nachmittags. Man kommt langsam vom Weinberg, denkt an dies und an jenes, läßt die Gedanken kommen und gehen. — Manche behaupten, die Melancholie sei bloß die notwendige Folge einer leichten Leberirritation, entstanden durch den fortwährenden Genuß von Alkohol. Andere wiederum halten diesen durch Klarsicht entstandenen Trübsinn für einen Zustand höchster Bewußtheit, denn — wer weiß —, vielleicht ist uns das Glück, das wir niemals leidenschaftlich genug

begehrt hatten, nun wirklich untreu geworden, vielleicht führen wir alle unsere Geschäfte zu einem fruchtlosen Ende, vielleicht verlassen uns die Freunde und weichen uns die Frauen aus; es gibt böse Konstellationen und labyrinthische Zeiten; und Schicksal ist nichts als eigene Schuld.

In Lutzmannsburg läßt es sich gut nachdenken über Gott und die Welt. Auch wenn manche Gedanken so bitter sind wie der Rauch jenes dürren Laubes, das seit dem letzten Herbst auf dem Boden dahinmodert und nun unter den harzigen Knospen neuer Triebe endlich verbrannt wird.

2.
Beschreibung einer Hochzeit

Die Ortschaft Strebersdorf liegt im mittleren Burgenland zwischen Frankenau und Lutzmannsburg an der Rabnitz, also zwischen einer kroatischen und einer deutschen Siedlung. Etwas mehr westwärts, in Oberpullendorf, wird im Wirtshaus an der Theke ungarisch gesprochen. Strebersdorf ist katholisch, Lutzmannsburg wird im Mittelpunkt des Breitangerdorfes von Lutheranern bewohnt; die Lutzmannsburger Katholiken haben ihre Häuser in der Hofstatt, das heißt, im wesentlichen jenseits der Rabnitz, am Fuße eines Hügels, der die katholische Kirche trägt. Sie steht auf den Fundamenten der Burg.

Die Ortschaft Strebersdorf ist mit Lutzmannsburg vereint. Strebersdorf hat keine Burg, nur eine stillgelegte Ziegelfabrik, in der ein ehemaliger Stuhlrichter wohnt. An der Rabnitz gibt es eine ebenfalls stillgelegte Mühle. Auch einen Kindergarten gibt es in der Ortschaft, er ist klein und dörflich. Es gibt ein paar Kaufläden. Es gibt auch ein Heldendenkmal und dahinter eine Kirche. In der Kirche wird geheiratet.

Nie werde ich diese Hochzeit vergessen, nie das Festmahl und seine liebenswürdigen Köchinnen, weißbeschürzt, feierlich gekleidet, mütterlich gesinnt, wie es sich gehört bei einer Hochzeit, die immer und überall offenbar hauptsächlich die Gemüter der Frauen erregt.

Hier, in Strebersdorf sind es die vorsorglichen, die mütterlichen Instinkte, die sich anläßlich dieses Fruchtbarkeitsfestes besonders augenfällig bemerkbar machen. Aber anderswo! Ja, anderswo gibt es Frauen, die angesichts einer Hochzeit zu weinen beginnen, obwohl sie keinen Grund haben, bekümmert zu sein. Anderswo gibt es Frauen, die an der festlichen Tafel nur so einfach vor sich hinkokettieren, ohne Zweck und Ziel, bloß von der Vorstellung eines ganz bestimmten Segens angenehm beflügelt. Manche Frauen benehmen sich auch steif und feierlich, machen Mienen wie Gipsfiguren, tragen seltsame Hüte, weiße Handschuhe und pompöse Handtaschen, so, als wollten sie sich mit all dem gekünstelten Ernst und mit all den sonderbaren Accessoires zur Wehr setzen: gegen die Versuchungen der eigenen Lust.

In Strebersdorf stehen die Frauen in der Küche des Gasthauses, kochen und braten, schnuppern und kosten, und besichtigen ab und zu die geräumige, schattige Kammer, in der Torten stehen, und zwar sechzig an der Zahl.

Das Gasthaus ist groß. Es ist offenbar erst unlängst erweitert worden: die Mauer hat noch keinen Verputz, in den waagrechten Rillen der hohlen Ziegelsteine liegt Staub. Küche und Festsaal sind durch einen sehr großen Schankraum getrennt. Im Schankraum sitzen und stehen die üblichen Gäste dieses Vormittags, trinken Bier oder Rotwein, trinken ab und zu auch durcheinander, zumeist junge Männer, auch feiste Burschen, langhaarig, Märchenprinzen gleich gekämmt, vom Alkohol bereits gerötet. Im Schankraum befinden sich weiter ein paar Männer, als Jäger verkleidet, mit Flinten bewaffnet. Außerdem sitzt im Schankraum das Orchester. Es spielt noch nicht, labt sich erst, und zwar reichlich. Es besteht aus neun Personen, die gelbliche Hemden tragen und bräunliche Krawatten. Der Trommler pflegt seine Haarpracht sorgfältig wie ein Mädchen.

Bald ist der Festakt in der Kirche zu Ende. Das Orchester hat sich auf der Straße aufgestellt, bildet einen Kreis im neugierigen Treiben, das nun anhebt. Auch die Jäger haben ihre Weingläser und Bierkrüge verlassen. Dem Gasthaus gegenüber stehen sie, und zwar, wie es scheint, schußbereit. Das alles wirkt natürlich. Man spielt an diesem Tag Rollen, verläßt die gewohnten Formen des eigenen Lebens, geht aus sich heraus, über sich hinaus, verwandelt sich in eine Maske, die sich freier bewegen kann in ihrem Zustand der gespielten Anonymität; die angemaßte Funktion verdeckt die Persönlichkeit, gibt ihr neue Maße; man darf, ja man soll plötzlich Dinge tun, die man sonst nicht tun dürfte, zum Beispiel mitten auf der Dorfstraße losschießen, oder mit einem Säbel drohen. Der Säbel befindet sich in der Hand eines gutgewachsenen Jünglings, der ein kariertes Hemd trägt und also wiederum, durch das Fehlen einer feierlichen Kleidung, die Natürlichkeit des kleinen Theaterspieles betont. Er droht dem Bräutigam. Fordert Geld im Namen des Burschengerichtes. Denn schon ist das Brautpaar aus der Kirche gekommen, festlich geschmückt. Ein dünner, freundlich lächelnder Bräutigam führt die weißgekleidete Braut. Die Brautjungfer ist in gelb. Nun also: Säbel heraus und dann gezahlt und dann eine symbolische Absperrung durchschnitten und dann getrunken und endlich das Glas zu Boden geschmettert. Akte eines archaischen Kultes. Wer versteht sie noch? Der Anfang wird angedeutet und das Opfer vernichtet. In Form zweier Gläser.

Nun warten wir erst, warten lange. Der Hochzeitszug formiert sich, vorne die Kleinen, hinten die Alten, so daß man mitunter glaubt, die Verwandlung des Menschen zu sehen, die Phasen des Lebens, dargestellt durch

eine Gruppe. Auch in dieser selbstverständlichen Ordnung steckt strenge Symbolik.
Und nun geht es los: mit Musik, mit Knallfröschen und dann mit den schießfreudigen oder schießwütigen Jägern, bis zum Eingang des Gasthauses. Ein paar Stufen führen zur Türe. Sie ist verstellt: von den Frauen, die vorher noch so fürsorglich-mütterlich in Küche und Kammer gewirkt und gewerkt haben. Nun sind sie verkleidet, tragen die blaue Arbeitskluft, drohen mit Hammern, wie es sich hier, in Strebersdorf gehört, denn der Bräutigam ist Dachdecker, die Frauen sollen Dachdekker darstellen und die Hochzeitsgäste zwingen, beim Eintritt ins Gasthaus ein Opfer zu bringen, in Form von Geld. ... Das alles geschieht vergnüglich, aber unbarmherzig. Keiner, der nicht gezahlt hat, kommt ins Haus. Und während des Geplänkels auf der Treppe spielt mitten auf der Straße das Orchester, platzen Knallfrösche, schießen Jäger — schießen nun bereits ganze Schrotladungen auf die Vögel, die hoch oben schweben vor dem Hintergrund dieses blaßblauen Frühsommerhimmels.
Drinnen begibt man sich währenddessen zu Tisch, und zwar äußerst kommod, denn das Brautpaar hat sich zwar niedergesetzt, ist aber nachher verschwunden, ist nach Oberpullendorf gefahren, läßt sich fotografieren, und währenddessen kocht die Suppe noch, brutzelt das Fett noch, wird noch schnell eine letzte Schüssel Salat bereitet. Bloß die Weinflaschen leeren sich. Doppelliterflaschen. Man trinkt Rotwein. Und wartet. Wartet zu Musikbegleitung, denn das Orchester hat bereits im Hintergrund des Saales Aufstellung genommen, erhöht, spielt nun Ländler und Militärmärsche und dann und wann eine Polka oder einen gefühlvollen Schlager der dreißiger oder fünfziger Jahre.
So vergeht fast eine Stunde.
Dann aber ist das Brautpaar wieder da, frisch fotografiert, und das Fest kann beginnen. Hundertsechzig Gäste sind anwesend. Mehr als hundert Hühner und drei Schweine sind geschlachtet worden. In der Suppe, die

nun hereingebracht wird, ist Rindfleisch gekocht: dreißig Kilogramm! Aber halt, noch ist es nicht so weit, noch muß die eine weißbeschürzte Frau ein Sprüchlein sagen und danach einen Suppenteller zu Boden werfen; Scherben bringen Glück; nun ist bereits zum dritten Mal geopfert worden, um die Götter zu versöhnen, ihre Lust an Zerstörung zu befriedigen, damit das Eheglück verschont bleibe. Alles lacht. Ein ritueller Akt bezeugt die drohende Grausamkeit der Schöpfung, aber die schlimme Vorahnung wird in Scherz gehüllt, der Zauber gebärdet sich als harmloses Spiel. Und nun endlich: Her mit der Suppe!

Sie wird aufgetragen, die Rindsuppe, in der auch Hühner gekocht sind, eine Suppe von feinstem Aroma, mit sicherer Hand zärtlich gewürzt, eine Suppe, wie sie von trinkenden Männern gebraucht wird am Anfang oder aber noch mehr am Schluß eines ausgiebigen Festes: warm und duftend, den Magenwänden schmeichelnd, die Gifte mühelos besiegend — ja, die berühmten Suppenköchinnen früherer Zeiten haben solche Suppen zustandegebracht, nach geheimen Rezepten; und eine Woche lang ist der riesige Suppentopf auf dem Herd gestanden, aber am Rand, denn die Suppe durfte ja nicht heftig kochen, sondern bloß gelinde blubbern.

Nach der Suppe der zweite Gang: Rindfleisch, gekocht, mit Semmelkren und Suppengemüse. Das Fleisch ist gerade so weich, wie es sein soll, sehr angenehm, aber nicht zerfallend, zart und dünn gefasert, so daß kaum jemand nach den Zahnstochern greifen muß, und das will wohl was heißen. Gekochtes Rindfleisch ist erfahrungsgemäß Sache der Männer; alte Kavaliere erinnern sich heute noch, wenn auch undeutlich, an Gefühle, die in Spanien eine weitaus deutlichere Ausformung erfahren, indem der Stier besiegt wird und auf diese Weise gezwungen wird, seine Kraft dem Sieger zu überlassen: einem Sieger, der alle im Zuschauerraum versammelten Männer vertritt, so daß sie am Opfer teilhaben, ja: in dieser Vorliebe wirkt die Passion des Herkules, der dem Minotauros

Umtrunk im Weingarten

Öl auf Holz, 43×51 cm, 1975

Große Hochzeit — Öl auf Holz, 65×54 cm, 1963

begegnet, im Labyrinth — im scheinbar bloß Kulinarischen lebt der unsterbliche, da jedem Menschen gemäße Mythos.

Backhühner folgen. Hundert Backhühner, schön tranchiert, paniert und goldbraun gebacken! Dieser dritte Gang nimmt einige Zeit in Anspruch, aus verständlichen Gründen. Der vierte Gang wartet bereits, wird endlich aufgetragen: Wienerschnitzel mit Salat. Die Erdäpfel dampfen und duften. Der fünfte Gang ist einfach Schweinsbraten. Und nach ihm dürfen endlich die Torten erscheinen, all die sechzig Torten, mit Blümchen aus Marzipan verziert und mit Aufschriften aus Zuckerguß versehen — Tage hindurch hat man sie vorbereitet, hat man all diese filigranen Werke einer eßbaren Bildhauerkunst erschaffen, um nun das alles zu vernichten, durch die Freude der Augen allerdings auch den Genuß des Gaumens steigernd — ja, ein trefflicher Mann der geheimnisvollen medizinischen Zwischenbereiche müßte einmal die kulinarische Kunst vom Standpunkt der Psychosomatik untersuchen.

Nachmittag ist es endlich. Man braucht Bewegung. Man tanzt. Im Saal spielt unermüdlich das Orchester, spielt nun zum Tanz auf, während im Schankraum gerade der neu aufgestellte Musikautomat zu singen beginnt. Während die Hochzeitsgäste ihr gekochtes Rindfleisch vertilgten, wurde der Automat herbeigeschafft, montiert, mit schnulzösen Schallplatten reich versehen, so daß sich nun die grölende Burschenschaft nach Herzenslust amüsieren kann. Die Tür in den Saal steht offen. Auf der Schwelle treffen sich die Schwingungen der von Menschen erzeugten und der mechanischen Musik.

Das war der richtige Augenblick, das Fest zu verlassen, das nun erst so richtig beginnen sollte. Noch ein Uhr nachts waren die großen Fenster hell erleuchtet; wacker spielte die Kapelle, mühelos brüllte der Automat; man sah durch die Fenster in den Saal; die Tische waren voll besetzt; auf dem quadratischen Zwischenraum tanzten die Paare, tanzten dem Tag entgegen.

Aber nicht alle tanzten. Manche Paare waren bereits am Nachmittag aufgebrochen, um sich zu zweit ein gutes Plätzchen zu suchen. Einige Frauen kehrten heim, um die Alten zu versorgen. Und ein paar Männer schlenderten über die kurze Brücke auf das andere Ufer der Rabnitz, stiegen zur Kirche von Lutzmannsburg hinauf und gingen zwischen den Weingärten spazieren. Hier, auf dieser mit Wein bewachsenen Hochebene, war es still. Abends wurde in einem freundlichen Haus der älteste Rotwein aus dem Keller geholt. Er schmeckte bitter und rosinensüß und ernsthaft, und stieg empor in Träumen, die leicht waren wie Schnee.

3.
Rund um die Rauschfabrik

Zur Weinlese bin ich nach Lutzmannsburg gefahren, an einem schönen Tag im Oktober. Ich bin nach Lutzmannsburg gefahren erstens der Freunde wegen; zweitens, um den Weinberg wiederzusehen; drittens, um den unvergleichlichen Blaufränkischen von Lutzmannsburg einmal wieder an Ort und Stelle zu verkosten; und viertens, weil ich fahren wollte, reisen, mich vom Fleck fortbewegen, irgendwohin. Warum reist der Mensch, auch wenn er zum Ortswechsel keinen triftigen und praktischen Grund hat? Aus der dumpfen Annahme vielleicht, er könnte sich unterwegs irgendwo in einem Gasthaus auf Nimmerwiedersehen verlieren und in einem anderen Schicksal ankommen, verwandelt, neugeboren: ein anderer Mensch in einem anderen Stück Land.
Der Bürgermeister von Lutzmannsburg wartete bereits. Er ist ein junger Mann; tatkräftig, dennoch ruhig; umsichtig und gründlich, aber geistig wendig und auch dem

Experimentieren nicht abgeneigt; ein erstklassiger Weinfachmann, beruhigender Traktorfahrer, empfindsamer Beobachter der kleinsten Veränderungen des politischen Mikrokosmos an der Grenze; ein Mensch, der seine Gemeinde würdig und wie selbstverständlich zu vertreten weiß. Er ist zudem beleibt, und auch das wirkt beruhigend.

So viel über den Freund. Der Weinberg ist vom Dorf aus als solcher nicht sichtbar. Man muß auf einer Brücke über die Rabnitz und dann durch Wald und Gebüsch empor zum ersten Weingarten. Fast verborgen liegt er da. Und nun öffnet sich dem Blick eine leicht abfallende Fläche, mit Wein bewachsen: der sehr breite Rücken eines Hügels, durch gelbe Güterwege aufgeteilt. Blaßgrün und flach erstreckt sich gegen Südost quer zur Grenze das Tal der Rabnitz. Sie wird gerade reguliert. Kräne stehen an den Schanzen und Haufen frisch aufgeworfener Erde. Hinter einem kleinen runden Wäldchen leuchten die weißen Mauern eines Dorfes. Kirchtürme geben dem Horizont rhythmisch erfaßbare Gliederung. Grün schäumt der Auwald. Und nun sind hier oben, auf dem Weinberg, die ausgespannten Drähte vollgehängt mit emporrankendem Wein, mit dunklen, bläulich roten Trauben, kaum überschattet von den bereits gelbroten Blättern. Inmitten all der Gärten steht das Haus des Wächters, längst unbenützt, wahrscheinlich halb verfallen. Es sollte nicht verschwinden, und zwar aus optischen Gründen nicht. Dieses einzige Dach weit und breit, dieses einzigartige Gebilde von Menschenhand, bietet für den Betrachter ein zum Vergleichen geeignetes Maß der Vegetation, läßt uns also die Landschaft erfühlen. Zudem wird es eines Tages vielleicht kleine Gesellschaften geben, die vernünftig genug sind, um inmitten der Weingärten von Lutzmannsburg bei einigen Gläschen Wein und vielleicht im Duft des über bläulichem Feuer im schwarzen Kessel kochenden Hammelgulyás länger zu verweilen. Wie dankbar werden sie dann sein für die Erhaltung dieses Wächterhauses!

Ich sehnte mich auch nach dem Geschmack des Lutzmannsburger Roten. Der treffliche und geistreiche Historiker Harald Prickler hat die siebenhundertfünfzigjährige Geschichte dieses Weines gewissenhaft erforscht. Seine aufschlußreiche Schrift ist mit dem Wappen von Lutzmannsburg geschmückt. Da sieht man zunächst eine Mauer, offenbar aus steinernen Quadern errichtet. Eine Bastei steht in der Mitte und bietet die Dunkelheit eines gotisch geformten Tores zum Eintritt. Auf den Zinnen dieser Bastei steht ein überlebensgroßer Mann in einer Art von Zipfelmütze, ganz in blau, hält in der Linken eine schwere Weintraube in Blau und in der Rechten ein Rebmesser in Silber. Rot ist der Hintergrund. Das heraldische Gebilde erinnert an die Vision eines surrealistischen Malers. Auch ist die Symbolsprache der Farben leicht verständlich. In der Tat: leicht wird man blau in Lutzmannsburg. Der Wein ist meistens dunkelrot, hat ein reiches Bouquet und einen samtenen Glanz, läßt in Begleitung einer feinen Süße das bittere Aroma des Tanin über den Gaumen gleiten — und aus der Ferne weht der Duft von Rosinen herbei, ganz leicht: ein Duft, den man vielleicht nur geträumt hat. Es ist ein Wein, der die inneren Organe stärkt, die verzagende Seele wieder aufrichtet, die Erinnerungen an längst vergessene Wonnen aus dem verschütteten Bewußtsein wieder emporholt. Mit diesem fürwahr beglückenden Wein verging der frühe Abend. Der Hausherr brachte eine von Staub und Spinnenfäden bedeckte Bouteille aus dem Keller und dann eine zweite noch. Zur späten Stunde starrten wir in das dunkelrote Funkeln. Am nächsten Tag sollte es hinausgehen, zur Lese, auf den Weinberg. Kurz, schwer und heilsam war der Schlaf.

Da standen wir also am nächsten Tag auf sandigem Boden am Rand einer Straße und blickten über das an dieser Stelle leicht abfallende Terrain. Einer geschwungenen Linie folgte der Abhang: man hätte Lust gehabt loszurennen, zwischen den langen, regelmäßigen Reihen des mannshohen Weines hinunter bis zur struppigen

Hecke, die den Garten begrenzte. In der Ferne stieg durchsichtig der Nebel der frühen Stunde auf; das sah aus, als brannten die Wiesen. Aber der Geruchsinn korrigierte den falschen Eindruck: schwer und süßlich war die Feuchtigkeit, nach Blättern duftend und nach frisch aufgeworfener Erde, vielleicht nach Weintrauben auch, denn da und dort hatte man mit dem Lesen bereits begonnen: VW-Busse, Traktoren mit Anhängern standen am Rand der Gärten, Kübel aus Kunststoff wurden mit den gerade erst abgeschnittenen Trauben gefüllt, zum Anhänger geschleppt, aufgeladen.

Unser Trupp bestand aus zwölf Frauen und drei Männern. Die Frauen waren aus einer nahegelegenen Ortschaft hergebracht worden; ihre Männer hatten da bereits irgendwo mit dem Tageswerk begonnen: sie waren zumeist Arbeiter auf einem Bau oder in der Fabrik. Wohlbeleibt waren die Frauen, wohlgelaunt, rundlich, in ihren Kitteln aus bunt bedrucktem Material wie zur Arbeit im eigenen Haushalt gekleidet. Mit kleinen, festen, aus nachgedunkeltem Metall verfertigten Scheren wurden die ersten bläulich roten Trauben aus dem Rankenwerk gelöst, aus dem Schatten der Blätter herausgehoben, von den Stengeln geschnitten, dann einen Augenblick noch wohlgefällig in der Hand gewogen und endlich in den Kübel gelegt. Man war ganz offenbar stolz auf diesen gepflegten Garten, auf die gesunden, rötlich goldgrün in der Morgenluft bebenden Blätter, auf die prallen, vollen, gewichtigen Trauben, die einem plötzlich auf den Handteller geglitten waren, kühl und doch nicht kalt, mit blassem Flaum überzogen, sanft zu berühren und gerundet, so daß die Fingerkuppen dem Reflex der Zärtlichkeit folgen wollten: dieser leichten, leicht wieder weichenden Lust an der freundlichen Berührung. Man gab dem merkwürdig vertrauten Gefühl auch Worte, sagte „Wie schön“ und „Ja das hier da“ und „Da schau her“ und schnitt und erfreute sich zuerst an der Traube und dann auch am eigenen Geschwätz. Man konnte gut plaudern bei dieser Arbeit, ein wenig

intim und ein wenig doch theatralisch, denn, nichtwahr, es waren ja immerhin drei Männer zugegen und denen mußte gezeigt werden, daß sie nicht zählten, daß sie also nicht stören konnten, daß ihre Anwesenheit die Frauenrunde in keiner Weise irritierte. Und also unterhielt man sich besonders ungezwungen, lächelte und lachte manchmal ganz besonders freimütig, sang sogar dann und wann ein Liedchen allein oder zu zweit, irgend ein Wienerlied zum Beispiel über Wein, Liebe, Einsamkeit und Tod, und rief zwischendurch, sobald der eigene Plastikeimer gefüllt war, laut und lustig, als wäre es eine Neckerei, rief: „Kübel!"
Die beiden anderen Männer kümmerten sich um die Frauen, der eine aus halb gespielter Höflichkeit, der andere aus Pflicht. Grauhaarig war der eine, ein gestandener Mann, Pensionist, wohlgelaunt im Dienst unserer Runde. Er arbeitete wie alle übrigen auch, fragte aber zwischendurch nach dem werten Wohlbefinden, machte Späße, mischte sich in die Gespräche; war zur Stelle, so oft es zu helfen galt; nahm ernste Worte auf und verdrehte sie zum Spaß; begann dann verständlicherweise auf die Weinflasche zu schielen, die am Wegrand, von Laub überschattet, in einem Korb lag, entkorkte sie endlich und füllte das gläserne Halbliterkrügel mit schäumendem Rotwein. Er nahm einen Schluck in den Mund, ließ dann aber die anderen trinken, die Männer zuerst und dann die Frauen; „Antialkoholiker", sagte dann und wann eine, aber zuletzt trank man doch: Wein löschte Durst. Der andere Mann — kaum ein Mann noch: ein Bursche von linkischer Melancholie — hatte die gefüllten Kübel einzusammeln, zum Anhänger zu tragen, sie zu entleeren und den Frauen dann zurückzugeben: eine schwere Arbeit, ohne Abwechslung, monoton. Er schaffte sich Luft, indem er die leeren Kübel auf die passende Stelle warf, so daß der farbige Eimer über die Erde hüpfte und dann, sich überschlagend, genau auf seinen Platz sprang.
So arbeiteten wir dann bis zwölf Uhr Mittag, und warum

war das Weinlesen so leicht und die Stimmung so erregend? Weil die ganze Tätigkeit letztlich dem Rausch diente, also der Erleichterung und der Euphorie. Vorbildlich gepflegt war der Weingarten, sauber und sonnig, hübsch anzusehen; und außerdem ließ die Berührung der prallen Trauben eine leichte sinnliche Spannung entstehen. Doch es mußte auch noch andere Gründe geben, und plötzlich begriff ich wenigstens einen.

An der einen Seite des emporrankenden Weines stand ich und sah mir gegenüber, hinter Blättern und Trauben, Schatten und Zweigen, zwei helle Hände. Jemand arbeitete mir gegenüber, in nächster Nähe und doch nicht sichtbar. Fast glaubte ich den Atem zu spüren. Ein einziges Labyrinth war der Weingarten, gut übersehbar und doch verwirrend: er führte uns immer wieder unversehens aneinander, trennte aber zugleich unsere Blicke, er ließ uns einander während der Arbeit fast berühren, ohne uns einander auch zu zeigen, so waren wir also versteckt und ausgeliefert zugleich, in einer zwiespältigen Lage wie an einem Maskenball, denn das Gefühl der Verborgenheit entzündet die Phantasie und die durch den Zufall herbeigeführte, unpersönliche Nähe erzeugt Spannung. Die einfache Anordnung der Pflanzen, den ausgespannten Drähten entlang, suggerierte Ordnung, doch diese Geometrie war Anlaß und Kraftfeld für die Unordnung der Gefühle. Genau so wirkten die raffiniert angelegten französischen Gärten des Rokoko: scheinbar streng und in Wirklichkeit befreiend, so daß die lüsternen Damen und lasterhaften Kavaliere über den verspielten Zwischenbereich der Frivolität hinwegtänzelnd endlich bei dem ersehnten Ziel anlangen konnten. Wo? Im schmucklosen Fleischerladen der beseligenden Triebe.

Hier also lag der Zauber. Wir spürten ihn alle. Um zwölf brachte man uns das warme Essen. Schweinsbraten gab es mit Gurken und Brot. Nachher tranken wir noch Marillenschnaps. Weit war der Abend. Er führte in die Rauschfabrik.

Von zehn Uhr am Vormittag bis zwei Uhr nachts arbeitet man in diesen Tagen in der großen Halle der Winzergenossenschaft. Traktoren mit Anhängern fahren vor, ordnen sich in eine Reihe, die mit der Zeit noch weiter wächst. In der Halle stehen da und dort die beruhigenden Zweiliterflaschen voll Rotwein. Dann und wann nimmt man einen Schluck. Es wird meistens wenig getrunken. Eine Kippvorrichtung hebt die Anhänger in die Schräge. Der bläulich rote Berg frisch gelesener Trauben rutscht in eine metallene Wanne. Das ist die Waage. Jenseits des riesigen Metalltroges, etwas erhöht, steht im Waaghaus — wie auf dem Kommandostand eines Maschinensaales — ein Mann, stellt das Gewicht der Trauben fest, diktiert und beginnt dann hinter der Fensterscheibe einladend und fast verzweifelt zu gestikulieren, was so viel heißen soll: der Besitzer der eben erst abgeladenen Trauben möge sich doch vom Ergebnis selbst überzeugen. Draußen winkt man ab. Wer wollte die Ehrlichkeit des nur selten schlummernden Mannes in Zweifel ziehen? Der Mensch, dem da diktiert wird, ist ein wenig mißmutig. Kein Wunder. Er muß die halbe Nacht in der Rauschfabrik am Schreibtisch mit trockenen Zahlen verbringen. Jetzt wird der abgelieferte Traubenberg aus dem metallenen Trog mit Hilfe eines schweren Korkenziehers von riesenhafter Größe weitergeleitet und endlich in ein Gerät gepreßt, das die Beeren von den Stengeln abtrennt. Andere Maschinen zerquetschen die Beeren. In einer horizontalen Presse werden sie aufgewärmt, zugleich gepreßt. Lauwarmer Most fließt in eine geheimnisvolle Grube, in der der künftige Zuckergehalt und also auch die Alkoholmenge des zukünftigen Weines reguliert wird. Nun läuft der Most durch zwei Filter. Und endlich strömt er, bereits kühl, in den turmhohen Tank aus blankem Metall. Drei solche Behälter stehen nebeneinander, doch gibt es auch noch Holzfässer. Aus diesen Tanks wird der Lutzmannsburger Rote entweder bereits als Most verkauft, oder er wird unter dem breiten Dach der Genossenschaft gekeltert.

Seltsamerweise wirkt die Rauschfabrik auch zur späten Stunde sehr menschlich — trotz der Mechanik all der Prozesse, trotz des blanken Metalls, trotz der raupenartigen Elastizität der verschiedenen Rohre und Leitungen aus Kunststoff, trotz der betriebsamen und sachlichen Atmosphäre einer Fabrikshalle. Denn man produziert hier Träume und Visionen, Trost und Befreiung, Täuschung und Glauben, Verzweiflung und Zuversicht. Und außerdem riecht über all den Maschinen und Geräten die Luft nach einer schweren, überreifen Süße: man glaubt, den leichten Duft des morgendlichen Weingartens zu spüren, allerdings zum dickflüssigen Parfum der Herbstnacht sublimiert. Vor der Halle duften die dunklen Trauben im metallenen Licht des Mondes. Aus dem Riesentrog steigt der Geruch von Blumen und von feuchten Pflanzen. Über der Horizontalpresse, aus der dann der lauwarme Most rinnt, schwebt die Schwüle eines Palmenhauses: fast verschlägt es einem den Atem. Doch gleichsam kontrapunktisch macht sich die Gerbsäure bemerkbar: vom bitteren Duft des Tanins herb durchströmt, steigt der Blumen- und Honigduft empor und zerstreut sich unter dem Dach.

Man sieht nicht viele Menschen. Unentwegt bedienen die beiden Männer in ihrem gläsernen Käfig die Waage. Die Traktorfahrer sind bemüht, die Last möglichst schnell loszuwerden. Müde stehen sie umher. Manchesmal müssen sie nachhelfen: mit Heugabeln werden Traubenhaufen vom Anhänger geschoben. Oben, an der Weinpresse, sind zwei schmale, zähe junge Männer beschäftigt: ein Bauarbeiter, der sich Urlaub genommen hat, und ein Arbeitsloser, der nun etwas verdient. Der Elektromotor eines Filters ist gerade diese Nacht ausgefallen, also muß der eine für den Motor einspringen: mit Hilfe eines geschwungenen Hebels sorgt er dafür, daß sich eine Walze dreht. Die Bewegung muß jede Minute sechs- oder siebenmal wiederholt werden, das macht in zehn Minuten siebenhundert, in einer Stunde viertausendzweihundert. Es wird zur Zeit der Weinlese sechzehn

Stunden gearbeitet. Das hieße, daß der Arbeiter die gleiche Bewegung mehr als siebenundsechzigtausendmal wiederholen müßte. Der Motor wird voraussichtlich am nächsten Vormittag repariert werden. Solange bleibt der junge Mann auf seinem Platz. Er wirkt weder verbittert, noch apathisch. Er scheint sich über das kleine Mißgeschick ein wenig zu amüsieren, wie wenn jemand aus großer Entfernung die eigene — unglaubhafte — Misere belächelt, die ja zugleich auch eine Misere des großen Apparates ist.

Tadellos arbeiten die übrigen Maschinen. Vor der einen Seitenwand der Werkshalle, unter freiem Himmel, sammeln sich die abgesonderten Stengel, bilden allmählich einen Haufen, türmen sich zu einem hellgrünen Berg, in dem nun offenbar die wenigen, nicht abgetrennten Beeren weiter gären, so daß aus der Hügelkuppe weißer Dampf steigt. Im Mondlicht, aus der Ferne gesehen, sieht das aus, als arbeitete am Straßenrand ein kleiner Vulkan. Dunkle Feuchtigkeit sammelt sich auf dem Asphalt der Fahrbahn. Auch die Weinpressen haben ihren Auswurf: durch zwei Öffnungen fördern sie blauschwarze Traubenschalen ins Freie, süßlich riechende, leere, leichte, fast trockene Hüllen, mit Körnern vermischt. Da liegt nun die flaumige Haut, die zerquetschte Oberfläche der reifen Frucht, substanzlos geworden. Schon beginnen sich währenddessen im frisch gepreßten Most jene Prozesse zu regen, die sich an einem ganz bestimmten Punkt allmählich summieren. An diesem Punkt entsteht der Wein.

Der Eingang zur Werkshalle ist, von der Höhe des Lutzmannsburger Weinberges gesehen, ein helles Viereck in der Nacht, unregelmäßig, von Laub seitlich etwas verdeckt. Hier oben ist es ganz still jetzt. Zehn Tage wird die Weinlese dauern, vielleicht auch länger; noch liegen die meisten Gärten in ihrer Fülle und Reife da, und die während des Lesens aus den Händen gekullerten, tagsüber nicht mehr auffindbaren Trauben lassen jetzt erst ihre gärende Süße verströmen. Das riecht bei

Mondlicht metallen. Auch die ausgespannten Drähte sind da und dort zu sehen, treten hinter der wuchernden Vegetation hervor, geben diesem ruhigen Nebeneinander von Schatten, Masse und Licht eine strenge und beängstigende Geometrie. Plötzlich rückt ein Unfall des vergangenen Tages in die Erinnerung: jemand, ein älterer Mann ist während der riskanten, allzu raschen Abfahrt zwischen zwei Hängen vom umkippenden Traktor gefallen und liegt nun schwer verletzt im Spital. Auch andere bedrohliche Gedanken werden nun stärker: es ist wie die Beklemmung der schlaflosen Stunden, in denen die wirklichen oder geträumten Gefahren sich auftürmen, näherrücken, den wehrlos liegenden Körper bedrängen. Tod und Tod: so irgendwie trommelt es in den Schläfen. Die finstere Gegenkraft des Lebens stemmt sich in uns gegen die ruhige Freude am üppigen Blühen, gegen das Strahlen des vergangenen Tages in unserem Gedächtnis, gegen diese farbigen Bilder, die den inneren Blick wie Kirchenfenster umstehen. Etwas in uns strebt unerbittlich nach Gleichgewicht.

Doch gleichsam am äußersten Rand des Anfalls setzt die Heilung ein: wir erfahren erstaunt, wie uns die sinnliche Wahrnehmung in den nächtlichen Augenblick zurückholt und von all den Einbildungen und Erkenntnissen befreit.

Die Rückkehr in die Ortschaft ist leicht. Lautlos strömt unter der Brücke die Rabnitz. Schon lösen sich die Umrisse der Werkshalle aus der Dunkelheit; vor dem hellen Viereck des Eingangs warten noch ein paar Traktoren und Anhänger mit ihrer Last. Unter dem breiten Dach, im gleichmäßigen Dröhnen der Maschinen, wird geschrien und geplaudert; immer noch fließt durch die Leitungen der frischgepreßte Most. Es ist an der Zeit, eine Weinflasche zu öffnen und den unvergleichlichen Roten noch zum letzten Mal in dieser Nacht über die Zungen fließen lassen. Oben im Weingarten beginnt morgen um sieben die Arbeit.

Verteidigung eines Traumes

Rechts von der guten Straße, etwas tiefer gelegen, steht eine sandsteinfarbene Kirche; noch tiefer leuchten die hellen Häuser eines sehr kleinen Dorfes. Die Kirche steht offenbar auf einer Terrasse, in der Höhe der Dächer oder noch höher. Sie scheint auf ihrer Anhöhe stehend eine architektonische Antwort zu sein auf die von hier aus sichtbare Burg von Bernstein — der Zusammenhang ist unverkennbar, ist betont nicht nur durch den Rhythmus, der hier die Landschaft stark gliedert, sondern auch durch die Ähnlichkeit der Funktion, denn nicht nur die Burg ist ein Bollwerk, auch die kleine sandsteinfarbene Kirche ist eine Festung: eine Festung nicht nur des Glaubens, sondern auch der wirklichen Verteidigung gegen Heere und Horden.

Die Ortschaft dort unten heißt Mariasdorf. Ihre Pfarrkirche zu Mariä Himmelsfahrt ist berühmt und in manchen Kreisen von Kunsthistorikern sogar berüchtigt. Berühmt ist die Kirche, weil sie zu den wichtigsten gotischen Bauwerken des Burgenlandes gehört, zu den wichtigsten und den schönsten, erwachsen dem Reichtum des Spätmittelalters mit seiner blühenden feudalen Ordnung, mit seinem aufgeklärten Zunftwesen, mit der fortschrittlichen Arbeitsteilung seiner Manufakturen; ein Zeitalter des großen Aufbruchs ist das gewesen, man könnte es mit der heute modischen Diktion auch eine progressive Epoche nennen; schlagender Beweis dafür ist die Renaissance, die in dieser Zeit wurzelt und durch den Geist der französischen Aufklärung bis heute wirkt. In dieser Atmosphäre der relativen Freiheit und Prosperität ist also die Pfarrkirche der Ortschaft Mariasdorf errichtet worden, denn die gerade erst so richtig ausgebauten Eisenbergwerke der nächsten Umgebung florierten, und die Herrschaft verfügte über genügend Mittel, um den Geist der Gläubigkeit nicht nur zu pflegen, sondern für den Himmel auch eine prachtvolle irdische Repräsentation zu erschaffen.

So entstand die Kirche etwa um das Jahr 1388. Sie wurde dreihundert Jahre später barockisiert, doch trug sie ihr barockes Antlitz nur zwischen 1666 und 1884, also ungefähr zwei Jahrhunderte hindurch. Nun kam es zur Re-Gotisierung. Und dieser Versuch einer Wiederherstellung ursprünglicher Formen ist es nun, der jene gewissen Kunsthistoriker verstimmt, verdrießt, ja verärgert. Sie sprechen sogar von einer glatten Verfälschung.

Mir aber scheint es, sie selbst sind es, die dem Wesen der Baukunst verständnislos gegenüberstehen, indem sie das Prinzip des Purismus hochhalten und die abstrakte Idee einer niemals wirklich existierenden, bloß in der Phantasie konstruierten Reinheit verteidigen gegenüber dem Recht des Menschen auf das Träumen.

Denn jeder Versuch einer genauen Rekonstruktion muß zwangsläufig Resultate zeitigen, die vom Original abweichen. Erstens: alle Dinge sind nur mit sich selbst identisch und also alle die an einem Gegenstand vorgenommenen Wiederholungen ergeben neue Variationen auf das vorhandene Thema. Zweitens: Wir kennen zwar die ursprünglichen architektonischen Formen des ursprünglichen Innenraumes, nicht aber den Schmuck, der die nackten Mauern bedeckte: die schweren farbigen Stoffe, die da kunstvoll geordnet zu Boden stürzten, die Kleinode aus Gold und Silber, die Weihegeschenke und bunt bemalten Statuen — kurzum, die wirkliche, gleichsam theatralische Wirkung jener Raumgestaltung bleibt uns verschlossen. Und drittens: Wie will man die psychische Wirkung jener Räume rekonstruieren — und zwar streng! — in einer Zeit, in der andere Menschen in einer anderen Art eine andere Form von Frömmigkeit empfinden?! Soll nun im Zeichen des Purismus bloß die ursprüngliche Architektur wiederhergestellt werden, oder die ursprüngliche geistige Ausstrahlung des Bauwerkes? Soll die Materie rekonstruiert werden oder der irrationelle Effekt?

Zurück zum Jahre 1884. Damals wurde die heutige Form der Kirche entwickelt unter Anleitung des Architekten Emmerich Steindl, der das Parlamentsgebäude in Budapest erbaute. Steindl ist ein Schüler und Mitarbeiter von Friedrich Schmidt gewesen, dessen neue Gotik am Beispiel des Wiener Rathauses zu studieren ist, und es bestehen wahrhaftig geistige Verbindungen zwischen der Architektur des Rathauses in Wien, des Parlamentes in Budapest und der Pfarrkirche in Mariasdorf.

Steindl begnügte sich nicht damit, die barocken Beiwerke zu entfernen, nein, er verwirklichte bei diesem Umbau seine eigenen Träume von der Gotik, änderte die Höhe des Daches, ließ ein kleines Türmchen, einen sogenannten Dachreiter errichten, er änderte das Hauptportal, indem er es mit einem Erker und mit einer Madonnenfigur ausschmückte, er baute Giebelchen, ließ die Fugen des Mauerwerkes weiß fassen, ließ den Innenraum dunkel bemalen und reich ausstatten, brachte einen Hauptaltar aus Fayence in die Kirche und sorgte zusätzlich durch verschiedene gotisch anmutende Verzierungen für das Entstehen der von ihm gewünschten Wirkung. Dadurch nun wurde der ursprüngliche gotische Bau gleichsam dramatisiert, in Bewegung gesetzt, zu einem romantischen Erlebnis gemacht: die Kirche sollte nicht nur als Gotteshaus dienen, sondern auch an die Zeit ihrer Entstehung erinnern, und zwar aus der Sicht des späten 19. Jahrhunderts betrachtet. Steindl, Anhänger eines streng durchdachten Historismus, entsprach seiner Zeit und widersprach ihr zugleich, ja, man könnte, etwas überspitzt, sagen, er entsprach ihr, *indem* er ihr widerprach. Denn die Kunst und auch die wahre Baukunst entspricht dem Zustand der Gesellschaft nur, indem sie das Dahinströmen, den steten Wechsel, das fortwährende Absterben dieses Zustandes widerspiegelt, also nicht nur den herrschenden Bedürfnissen entspricht, sondern diese in Frage stellt, selbst eine Antithese bildet und sie somit bewältigt und überwindet. Steindl arbeitete in Mariasdorf gerade in diesem Geiste. Der fetten, massiven, handfest berechnenden Gründerzeit setzte er den Traum von einer anderen Welt entgegen, in der das Zweckmäßigkeitsprinzip aufgehoben ist, in der die Laune herrscht und die Leidenschaft, das Schwärmen und das Glauben — ja, Steindl versuchte das *Lebensgefühl* des späten Mittelalters zu rekonstruieren, und zwar mit den Methoden seiner Zeit, das heißt: in einer Art, die auf den Menschen des späten 19. Jahrhunderts wirken konnte.

Es war die Zeit, in der das Hoftheater von Meiningen im ganzen deutschen Sprachraum erfolgreich gastierte: eine Schauspieltruppe, die alle historischen Stücke mit echten Wappen spielte und in echten Uniformen, auf einer Bühne, die mit echtem Mobilar ausgestattet war — und am liebsten hätte man es gehabt, wenn auch noch die Burgmauern des Bühnenbildes aus echten Steinquadern bestanden hätten. Darüber mag man heute lächeln, doch haben wir kein Recht, die Menschen anderer Epochen nach den — ohnehin recht fragwürdigen — Maßen unserer Gegenwart zu beurteilen. Die Träume jener Zeit waren massiv. Man gründete nicht nur Fabriken und Banken, Eisenbahngesellschaften und Kolonien, man gründete auch eine eigene Vergangenheit, eine Weltgeschichte aus Eisen und Stein.

Zugleich aber stellten Künstler und Architekten, und unter ihnen auch jener Emmerich Steindl das vorherrschende Prinzip der Wirtschaftlichkeit in Frage. (Solche Kühnheit kann den heutigen Architekten nicht vorgeworfen werden . . .) In einer Epoche, die nicht weniger rechnerisch war als die unsere, forderten sie Geld für die Stilisierung; sie waren fürwahr Funktionalisten, aber sie reduzierten den Menschen nicht auf die Funktion seiner materiellen Bedürfnisse, sondern forderten Raum auch für die Funktionen des Unterbewußtseins und der Phantasie, der Sehnsucht und der Freude — und so entstanden gerade in jener Zeit etwa in Wien jene Profanbauten, die ihre Funktionen heute noch materiell wie geistig erfüllen, die Bauten der Ringstraße: Rathaus, Parlament, Burgtheater, Museen. Auch in Mariasdorf wäre es einfacher und billiger gewesen, die Kirche einfach nur zu renovieren oder sie bloß von den Stilelementen des Barocks zu befreien, man tat jedoch mehr, und in diesem zusätzlichen Element der Freiheit liegt das Beispielhafte: man ordnete die Aufgabe dem Traum unter, man fegte das Prinzip der Wirtschaftlichkeit vom Tisch, um den eigenen Stil triumphieren zu lassen, man deutete den Begriff der Funktion im Sinne einer menschlichen Totalität. Und man stellte dem Menschen, dem so sehr optimistischen, berechnenden, auf Technik und Finanzen konzentrierten Menschen der Gründerzeit die völlig anders gearteten, aber nicht weniger massiven Gegebenheiten einer anderen Epoche gegenüber: Gegebenheiten, die Metaphysik zu Stein werden ließen, Transzendenz zum inneren Gesetz der Architektur machten, Glauben im wahrsten Sinne des Wortes ver-wirklichten. Welchen Glauben? Den Glauben an eine Zukunft des Menschen im Jenseits und im Diesseits, den Glauben an *irgendeine* Zukunft. Das heißt mit anderen Worten: diese Kunst war eine Kunst der optimistischen Utopie, die Kunst des vierdimensionalen Menschen, der — nach seinem eigenen Lebensgefühl — dahinschwebt über den Strömen der Zeit. Diesen Menschen des wachen, selbstbewußten, planenden Traumes konnte die historisierende Architektur vertreten — im Gegensatz zu jenem anderen Menschentypus des 19. Jahrhunderts, dem die Phantasie amputiert worden ist.

Winterreise Öl auf Holz, 73×116 cm, 1966

Schilfschneiden am Neusiedler See — Öl auf Holz, 87×102 cm, 1972

Die Kirche von Mariasdorf steht in ihrer heutigen Form als Symbol da und zugleich als Kunstwerk, das unsere Gefühle bewegt. Und es ist uns gleichgültig, ob es den Dachreiter vor 1884 gegeben hat oder nicht, und ob manche Kunsthistoriker das Werk Steindls als Verfälschung eines weitgehend unbekannten Originalzustandes betrachten, denn wir wollen gar nicht wissen, wie die Kirche von Mariasdorf bei ihrer Fertigstellung im 14. Jahrhundert wohl ausgesehen haben mochte; wir wollen die Kirche heute in der hügeligen Landschaft entdecken, wir wollen um sie herumgehen, wir wollen ihre Mauern betasten und wollen dann den Innenraum besichtigen und vielleicht auch beten, vielleicht nur nachdenken, und vielleicht bloß die Kraft einer Zeit analytisch untersuchen, die es sich noch durchaus leisten konnte, den Stil einer anderen Zeit zu erahnen und mit großer Konsequenz zu erneuern. Denn die Vergangenheit, richtig verstanden, bindet nicht, sondern hilft, Neues zu unternehmen und in diesem Sinne kann Steindls schönes Spiel mit der Gotik tatsächlich Impulse geben: zum Spiel mit gesellschaftlichen Modellen und menschlichen Existenzformen.
Der Historismus ist nicht weniger poetisch und zukunftsträchtig als der Surrealismus, diese große, gegen die absterbende materielle Welt rebellierende Bewegung des freien Geistes. Der Zusammenhang wird von Apollinaire bildhaft formuliert gleich am Anfang seines großen Gedichtes „Zone“:

Sogar die Automobile sehn hier veraltet aus
Die Religion nur ist neu geblieben die Religion
Ist einfach geblieben wie die Flughafen-Hangars
Nur du in Europa bist nicht altertümlich o Christentum —

Hier vereint sich die Gläubigkeit der Gotik mit der Gläubigkeit des Surrealismus, hier wirkt der surrealistische Versuch Steindls, den Stil des Mittelalters architektonisch emporzutürmen, plötzlich bestürzend modern, hier reichen die verschiedenen Menschen der verschiedenen Visionen einander die Hände, über die Zeiten hinweg, einig in ihrer Entschlossenheit, die Misere der menschlichen Existenz durch Deutung zu bewältigen und in Hoffnung umzustülpen.

Die Kirche von Mariasdorf ist in ihrer gespielten Schlichtheit und schlichten Theatralik ein Zeugnis des großen Aufbruches. Sie steht im Schnittpunkt vieler Bestrebungen und macht Zusammenhänge fühlbar und sichtbar, die in die Weite reichen, räumlich und auch zeitlich. In die Weite der Zukunft *auch* — wohlgemerkt. In die Zukunft einer Gesellschaft, die dann vielleicht doch Kraft genug haben wird, über das Allernotwendigste hinwegzugehen und auch in der Architektur wieder vorzustoßen: zum Spiel und zum Traum.

Die versunkene Stadt

Es ist dem europäischen Menschen offenbar angeboren, daß er entdecken, erfahren und ermessen will, und zwar um fast jeden Preis. Dieser fiebrige Juckreiz der Seelen, dieses Fernweh als treibende Kraft einer geradezu pathologischen Betriebsamkeit offenbart sich unter anderem auch im heutigen Tourismus der großen Menschenmassen. Mit ökonomischen Gründen allein ist eine derartige Triebhaftigkeit nicht erklärbar. Wohl sehen wir im 14. und 15. Jahrhundert den Aufbruch eines ungebundenen, die kosmische Herausforderung suchenden Bürgertumes, doch auch die Renaissance ist, ihrem Selbstverständnis nach, kein Anfang, sondern „Wiedergeburt", gewissermaßen eine Rückkehr zur Mobilität und zur moralfreien Verschlagenheit des Odysseus. Die Wiederentdeckung des Raumes gab jedenfalls den Anstoß dazu, sich selbst außerhalb der eigenen Persönlichkeit zu suchen, von einem Ortswechsel auch einen Qualitätswechsel zu erhoffen, durch geistige Regsamkeit aufgewühlt, die dritte Dimension zu erobern. Dem Menschen einer spirituellen Begehrlichkeit wurde die physische Welt zum quasi-sakralen Bereich.
Während wir uns der merkwürdigen Ortschaft Stadtschlaining nähern, müssen wir über die Gründe dieses Entdeckungszwanges des europäischen Menschen nachdenken. Denn weshalb fahren wir nun gerade in diese

kleine Siedlung, die Stadt heißt, ohne eine Stadt zu sein? Die Südautobahn ist breit, und einsame Autofahrten sind für den heutigen Menschen Gelegenheiten der Sammlung und der Kontemplation. Die Frage regt sich und macht dreifache Ursachen begreifbar.

Die erste dieser Ursachen liegt offenbar im Trieb des Entdeckens: in diesem Fall im Wunsch, Phantasiebilder mit der Wirklichkeit zu vergleichen. Die Phantasie hat sich an der Landkarte orientiert, die uns Berge und Ortschaften versprach und sonderbare, längst vertraute Namen nannte. Stadtschlaining befindet sich am Tauchenbach, südlich vom Geschriebenstein, und dieser ist der östlichste Ausläufer der Alpen. Damals, in der Volksschule, in Ungarn, hat die bloße Mitteilung eine beinahe unvorstellbare Entfernung angedeutet; der „östlichste Ausläufer der Alpen" war nebelumweht, schneebedeckt, in Gletscherglanz erstrahlend; hoch oben auf dem Gipfel aber befand sich der geheimnisvolle Steinblock, auf dem in runenhaften Lettern geschrieben stand, daß hier eine Grenze verläuft: das war der Geschriebenstein! Nun haben wir seither die üppigen Laubwälder dieses schönen Berges durchstreift, in freundliche Täler hinuntergeblickt, Quellwasser getrunken; längst ist die ursprüngliche Vorstellung zerronnen, doch blieb ein Rest der Hoffnung auf das alpine Abenteuer. Vielleicht regt sich nun, auf der Straße über Kirchschlag und Bernstein, der germanisch grün bemooste Rübezahl...

Die zweite Ursache des Ausfluges ist tiefer verborgen und geborgen im Geschichtlichen. Wir entdecken frühere Entdecker, wir fühlen unsere eigene Neugier vorgezeichnet in früheren Generationen, das heißt: Wir bewegen uns, beobachten aber zugleich auch Bewegung gleichsam unter der Haut der Landschaft, in der Vergangenheit. Bergvölker stießen hier vor: gegen Osten, auf die Ebene zu. Steppenvölker drangen hier in die Täler ein: gegen Westen, auf das Gebirge zu. Beide aber verharrten zunächst an der Pforte einer gänzlich fremden Welt, igelten sich ein, suchten nach Geborgenheit. Aus diesem Lebensgefühl des Staunens und des Zauderns sind hier die ersten Festungen entstanden, Orte, an denen man zunächst verweilen wollte, jedoch: geschützt. Und also ist jenes Phantasiebild der Kindheit über den „östlichsten Ausläufer der Alpen“ doch nicht so ganz und gar kindisch gewesen; die Instinkte haben eine Spur der Wirklichkeit gewittert; die Vorsicht der unsteten Ahnen ließ die latente Konfliktsituation dieses Grenzlandes erfassen. Wenn man von Wien aus über Kirchschlag nach Stadtschlaining hinunterfährt, glaubt man, die Erbauer jener ersten Festung aus dem 11. Jahrhundert zu verstehen. Sie waren vielleicht slawischen, wahrscheinlicher aber steirischen Ursprungs und blickten hinunter in das von Römern bereits kultivierte Tal, gegen Rechnitz, hinunter in die wärmenden, unheimlichen Sümpfe des Tauchenbaches, hinunter ins Flachland, das mit seinen zerstreuten bäuerlichen Siedlungen eine Herausforderung war und zugleich eine Bedrohung. Man krallte sich fest am Fels.

Wenn man sich Stadtschlaining aber nicht vom Westen her nähert, sondern aus östlicher Richtung, von Rechnitz her, dann erhält der angstvolle Heroismus ein anderes Vorzeichen. Hier zogen Bauern, entweder vor Reitervölkern fliehend oder mit ihrem Vieh auf Nahrungssuche, in das breite Tal, das sich dann allmählich verengte; kühler wurden die Nächte, scheinbar kürzer die Tage; nicht nur die gewohnte Lebensform blieb zurück, sondern auch und vor allem: die Weite des Himmels; endlich ragte der Bergkegel empor, das Grünschiefergestein. Auf diesem liegt die Burg.

Der Tourist, der heute durch diesen Teil des Burgenlandes fährt, kann nicht anders als jene Gefühle der ersten Entdecker nachzuvollziehen — so oder so. Erst an Ort und Stelle erfaßt er dann die dritte Triebkraft seines Ausflugs.

Sie liegt in der Stadt selbst, die keine Stadt ist, sondern der Versuch einer Stadt, ein Torso und, wie alle Torsi, weitaus erregender als alles Abgeschlossene. Im unvollendeten Versuch liegt für uns die Versuchung, das Experiment sozusagen auf eigene Faust gelingen zu lassen. Was wäre gewesen, wenn. . . Diese an sich vielleicht törichte Frage bewegt uns viel tiefer als der noch so lükkenlose Bericht über noch so prachtvolle, jedoch bis zum letzten behauenen Steinchen genau ausgeführte Bauvorhaben. Die stattliche Burg wurde übrigens vom ehrenwerten Herrn Udo Illig während der letzten Jahre wiederhergestellt; von den rund 75 völlig verwüsteten oberirdischen Räumen sind bereits 50 in schönster Ordnung, auch wurde eine einmalige Sammlung von künstlerischem Eisenguß angelegt. Eine kleine Gemäldegalerie und ein hübsches Volkskundemuseum fördern weiters die Bildung. Doch interessiert uns in diesem Zusammenhang die Burg nicht als Baukörper, sondern als Urzelle der geplanten, halb aufgebauten und dann in einen dörflichen Zustand wieder herabgesunkenen Stadt.

Gesichert ist, daß die Burg im 14. Jahrhundert den Grafen von Güssing gehört hat. Doch gab es auch uneingeladene Gäste. Bereits 1270 sind hier böhmische Truppen gelegen, 1336 setzten sich Truppen des Robert von Anjou fest, bereits sechs Jahre später überlassen sie die Bastionen einem Lehnsherrn des Königs, dem Ungarn Kanizsai. Etwa hundert Jahre lang wechseln nun die Besitzer. 1413 ist neben der Burg bereits auch der Markt urkundlich erwähnt, doch erst etwa vierzig Jahre später wird aus dem unbedeutenden Markt eine wirkliche Stadt — allerdings erst in der Phantasie.

Die entscheidende Jahreszahl ist 1445. Herzog Ernst der Eiserne von Österreich und seine zutiefst slawische Ehefrau, nämlich Cimburgis von Masovien, haben einen Sohn, der 1440 als Friedrich III. zum deutschen König gewählt wird. Er beschäftigt sich mehr mit Astrologie, Alchimie und Botanik als mit deutscher Reichspolitik, doch will er seine Krönung zum Römischen Kaiser durchsetzen, was ihm auch gelingt, allerdings kassiert Papst Eugen einen Preis von 220.000 Dukaten. Friedrich III. ist der letzte Römische Kaiser, der wirklich in

Rom gekrönt wird. Unter seinen Gefolgsleuten befindet sich ein wahrer Condottiere aus der Steiermark: es ist Andreas Baumkircher, der auch bei der Besetzung von Burg Schlaining eine Rolle spielt, 1446 vom König die Burg für 500 Dukaten als Pfand erhält und sie vier Jahre später, nun bereits als Eigentümer, emsig befestigt.
Ein Porträt Baumkirchers befindet sich heute noch in der Mauer des Bergfrieds: da steht ein offenbar jugendlicher, sorgfältig rasierter Mensch in voller Rüstung, trägt auf seinem Banner ein Bauwerk und ein zweites in seiner linken Hand, während eine Aufschrift verkündet: „Ich, Andreas Pemkircher von Schlaining, Burggraf von Preßburg, habe dieses großartige Werk stärkster Mauern aufrichten lassen. Begonnen im Jahre des Herrn 1450“. Das Bauwerk in der linken Hand Baumkirchers deutet aber *nicht* auf die Burg. Es ist eine Kirche. Am 5. April 1462 erhielt der steirische Held und Abenteurer vom Kaiser ausdrücklich das Recht, „neben seiner Burg eine Stadt neu zu erbauen“, und in dieser Stadt nun steht jene gotische Kirche, in Stadtschlaining, als noch intakter Rest des ehemaligen Paulinerklosters. Auch dieses wurde von Baumkircher errichtet.
Neun Jahre hindurch baute der Condottiere an seiner Stadt. Das obere Tor ist heute bis auf einen Rest verschwunden, die Südwestseite der Mauer mit kleinen Rundbastionen ist noch gut erhalten; an der Ostseite stehen zwei Bastionen, in der Mitte der Nordmauer ist ebenfalls noch ein starker Turm zu sehen. Baumkircher wollte hinter den wehrhaften Mauern bürgerliches Leben haben, wohl auch um sich durch die ständigen Steuereinnahmen finanziell abzusichern. Er vergab Privilegien, gründete zahlreiche Zünfte, lockte Handwerksleute herbei, lud eine Judengemeinde in die Stadt, er errichtete einen rechteckigen Marktplatz und hoffte, den Warenaustausch zwischen dem Gebirge und der Ebene zu beleben, ja, der einstige Anführer von Söldnern fühlte sich nun wie ein wirklicher Herr; Herr nicht nur über eine Burg, Herr nicht nur über eine Stadt, die er allein

geschaffen hatte aus dem Nichts, Herr auch über diese Täler, die das Königreich Ungarn mit der Steiermark verbanden. Die Grafen von Cilli zeigten ja, wie man geographischen Vorteil nützen und eigene dynastische Politik betreiben konnte zwischen den Großen dieser Welt. War Friedrich III. nicht auf den Baumkircher angewiesen? War er damals, in Wiener-Neustadt, nicht allein durch seinen tatkräftigen Steirer vor dem Untergang gerettet worden? War der andere König, der Ungar Matthias Corvinus, nicht vitaler? Andreas Baumkircher versuchte, sich als kleiner, aber souveräner Herr zu behaupten. Er betrieb seine eigene Politik. Mit dem Ergebnis, daß er am 23. April des Jahres 1471 vor dem Kaiser in Graz erscheinen mußte, um sich zu verantworten. Aber Friedrich kannte seinen untreu gewordenen Vasallen. Er ließ ihn gar nicht zu Wort kommen, ließ ihn nicht einmal einsperren, sondern zwischen den zwei Murtoren auf offener Straße sogleich enthaupten.

Das war das Ende der Stadt. König Matthias besetzte zwar die Burg, verlieh den Erben des Condottiere sogar das Recht auf eigene Münzprägung, aber das nützte nicht mehr viel. Später heiratete eine Enkelin des Baumkircher einen Herrn Veit von Fladnitz, der noch 1514 eine „Ordnung der gemeiner Stadt Slening" herausgab, doch war es bald ohnehin still. Genau sechzig Jahre später kam die Burg zu den Grafen Batthyány, und die besaßen genügend andere Burgen und Dörfer und Städte. Schlaining versank.

Es genügte zum Aufrechterhalten des städtischen Lebens nicht allein der Wille eines einzigen, und auch nicht die Sorglosigkeit späterer Burgherren: es fehlte zwar nicht an günstigen wirtschaftlichen Voraussetzungen, aber an günstigen geistigen Einwirkungen, die eine Stadt wirklich zur Stadt werden lassen. Es fehlte an städtischen Vorbildern in der ganzen Umgebung; die Türkenkriege nahten und man duckte sich, verkroch sich, zog sich zurück in die naturnahe Anspruchslosigkeit und also auch Unverwüstlichkeit der ländlichen Lebensform. In einer

kleinen jüdischen Schule lebte bis zum Jahre 1938 noch eine Spur der mediterranen Tradition.
Nun liegt Stadtschlaining da als die Möglichkeit einer Stadt. Die Keimzelle hat sich abgekapselt. Die neuen Formen des urbanen Lebens entstehen anderswo. Zum Beispiel, nur eine knappe halbe Autostunde weiter, in Großpetersdorf.

Wir fahren gegen Süden; das ist kein Weinland mehr; längst sind die rundlichen Hügel verschwunden, und auch jene eigenartige Stille der Gärten ist dahin. Hier oben surrt es in den Wäldern. Ein wirklicher deutscher Märchenwald ist es gewesen, den man durchquert hat, mit geheimnisvollem Unterholz, in dem sich schüchterne blonde Feen versteckt halten, mit bemoosten Steinen, die die Gegenwart des Rübezahl ahnen lassen — dort schläft er irgendwo, in einer Höhle, hatte einen Ausflug gemacht, war aus dem Böhmerwald nächtlich und ungesehen hierhergewandert, hatte sich in seinen Bart gewikkelt, den grünen Hut über die Augen geschoben und schlafen gelegt. Auch schüsselgroße Märchenpilze gibt es hier, rauschende Bächlein, in denen verwunschene Prinzessinnen ihr güldenes Haar täglich dreimal gewaschen haben, und dann, oberhalb von Mariasdorf, zeigen sich plötzlich die Alpen.

Der Übergang wird nun fühlbar, meßbar, offensichtlich. Die Enge von Sieggraben ist nicht bloß eine zufällige Formation gewesen, sondern so etwas wie eine wirkliche Schlucht: Tor in eine andere Landschaft.

Sie weitet sich hier oben. Die Berge gegen Südwesten liegen bereits in der Steiermark. Wir müssen uns den fahrenden Händler jener alten Zeiten vorstellen, der hier plötzlich anhielt und voll Verwunderung und Sehnsucht in eine Gegend hineinblickte, die ihm, diesem Mann der Bernsteinstraße, verschlossen blieb. Die Burg von Bernstein hatte er hinter sich gelassen, und durch breite Täler und flache Hügelkuppen hatte ihn sein Weg geführt, immer im Flachland, ab und zu im freundlichen Mittelgebirge, niemals im Schatten nackter Gipfel. Da standen sie also in der Ferne, zackig, mächtig, nicht ganz frei von Schnee; ein kühler Wind wehte, ließ das Pferdegeschirr erklirren; im Wagen lag gut verpackt und gut beschützt die Ware; der Mann der Bernsteinstraße warf einen Blick auf sein Hab und Gut, beruhigte sich angesichts dieser Möglichkeit von Abenteuern, dieser spürbaren Gefahr, die in der Fremdartigkeit lag: im Anderen. Im unerforschbaren Gegenüber.

Hier, oberhalb von Mariasdorf, läßt sich der Alltag einer längst versunkenen Geschichte rekonstruieren. Die Einsamkeit der Landstraßen, zum Beipiel. Die Dunkelheit der Nächte. Die Freude der Ankunft. Der Segen eines Herdfeuers. Die scharfe Trennungslinie zwischen wild und gezähmt, zwischen Landschaft und Ortschaft.

Der Weg führt weiter. Die fernen Berge sieht man noch eine Weile, dann werden sie vom Walde verdeckt und von den Hügeln, die hier strenger wirken, spröder, mit härteren Konturen. Erst oberhalb von Oberschützen sieht man die Berge wieder.

Hierher hatte man während der Zeit des Dritten Reiches eine seltsame Säulenhalle gebaut; sie steht noch unversehrt, umgibt einen Altar, an dem vielleicht das Sonnwendfeuer brannte. Die Zeit macht selbst aus solchen wunderlichen Phantasiebauten einer bis in den Wahnsinn gesteigerten Romantik etwas Harmloses, beinahe Rührendes. Das Thema wäre noch vor ein paar Jahren vermutlich heikel gewesen. Irgend jemand hätte sich gekränkt oder gar verspottet gefühlt. Irgend jemand hätte diese sonderbare Kopie eines heidnischen Heiligtumes vielleicht sogar verteidigt. Oder angegriffen. Jetzt steht es da und ist nichts anderes als eines der vielen Zeichen der Verwirrungen und Verblendungen dieser zwanzig nachrömischen Jahrhunderte. Jemand hat sich in der Nähe der germanischen Götterwelt heimisch angesiedelt, in einem hübschen Haus, im nüchternen Stil unserer Zeit erbaut: in dieser Stillosigkeit eines wirtschaftlich ausgerichteten Funktionalismus. Etwas weiter, bereits im Wald, steht ein zweiter Bau: vielleicht um nur einige Jahrzehnte älter als dieses Haus hier. In der Entfernung scheint Respekt zu liegen.

Oberschützen, unterhalb jener barbarischen Halle, zwischen Obstgärten, ist eine Ortschaft der Kultur. Römische Gründung, wahrscheinlich. Im nahen Eichwald hat man jedenfalls einen römerzeitlichen Grabhügel gefunden. Im 14. Jahrhundert gehörte die alte Siedlung von Bogenschützen zum umfangreichen ungarischen Grenzschutzgürtel. Uns näher liegt die Zeit des Vormärz, und in ihr die Gestalt des evangelischen Pfarrers Gottlieb August Wimmer. Im Jahre 1845 hatte er die berühmte Lehranstalt gegründet, seither ist Oberschützen ein Ort der Schulen. Vieles erinnert noch an den Pfarrer Wimmer; auch seine Statue steht da: eine gedrungene Figur, in der Art des Expressionismus modelliert, aus Serpentin.

Wir nähern uns dem Ziel. Bei einer Weggabelung fahren wir gegen Nordwesten, weg von der großen Straße, auf einen gewundenen Weg, dessen Pflaster über den Winter schadhaft geworden ist. Im Vorbeifahren zeigt sich nun bereits das zweite Bauwerk einer falschen, verfälschenden Romantik: nach der Säulenhalle der Germanen nun eine echte, das heißt mit echter Begeisterung hierhergefälschte Schenke der offenbar wilden Ungarn. Der Phantasiebau dient vorzüglich dem Fremdenverkehr. Man tut, was man kann, und jede Art von Exotik bewegt die Phantasie.

Nun also weiter: durch das schüttere Wäldchen in das nächste Tal. Da liegt Pinkafeld. Wir sind, für dieses Mal, angekommen.

Und nun, wie soll man diese gemächliche Ruhe einer immer noch vom agrarischen Lebensrhythmus geprägten Ortschaft beschreiben? Es ist sicherlich viel gebaut und ebenso viel zerstört worden in den letzten Jahren; man sieht, wie manche alte, pittoreske Häuser abgerissen werden; man hört von der beinahe tragikomischen Geschichte der Kohlengruben, die man bald ausbauen, bald schließen wollte, und vom schrecklich kühnen Bau jenes großen Schornsteins, der nun das Tal der Pinka mit schlechter Luft versorgt; doch, wenngleich nicht frei von Torheiten, liegt die Stadt fest und liebenswürdig da. Selbst die Torheiten haben hier etwas angenehm Rundliches; vielleicht ist es die nüchterne Tüchtigkeit der Bürger früherer Zeiten, die man immer noch erfühlt. Denn berühmte Tuchmacher haben in Pinkafeld gelebt; Lederer, Schuhmacher, Kürschner, Hufschmiede, Sieberer und Leinweber haben den Wohlstand in ruhiger Beständigkeit vermehrt: massive Häuser bergen hier eine wohlgelaunte Behaglichkeit. Hier fällt es leicht, an die frühe Verbindung mit dem Erzbistum Salzburg zu denken, und dann an jenes beinahe planmäßige Vorgehen nach dem Türkensturm von 1532: an den Wiederaufbau um jenen großen Platz herum, der städtisches Leben beherbergt hatte: als Marktplatz, als Versammlungsplatz, als Mittelpunkt der Urteilsvollstreckung.

Nun, an diesem Sonntag, liegt der große Platz ausgestorben da im gleichmäßigen Licht des Mittags. Modisch gekleidete Jünglinge fahren manches Mal vorbei in ihren allermodernsten Automobilen, so daß man unwillkürlich an die schmucken Kavaliere früherer Zeiten denkt, die ihre leichten Wagen über den Platz gelenkt haben mochten, in schneidiger sonntäglicher Pracht, das Hütchen fest in die Stirn gedrückt, mit blond sprießendem Bärtchen in der Sonne! Und hinter dicken Mauern, in den sehr sauberen Stuben, wächst die Mitgift, wartet irgend eine junge Dame in tadelloser Haltung, doch auch zum Weinen bereit, das zerknüllte Taschentuch in der Hand — im Hintergrund mit einer Mutter, die ausgezeichnet spielen kann: Strenge spielen, zum Beispiel, und Anstand spielen, selbstverständlich wohlanständig, doch ist man denn nicht selbst so etwas wie ein hübsches klei-

nes Luder gewesen irgendeinmal? Wie sonst verstünde man sich jetzt darauf, das Liebesglück der jungen Leute zu berechnen und die finanziellen Zusammenhänge zu durchschauen? Mit einem Wort: Wir wünschten uns, der Maler Spitzweg hätte seine Staffelei in Pinkafeld aufgeschlagen.
Hotel und Restaurant erinnern an die Gründerzeit. Man sieht diesen Räumen die vielen Gespräche an, die Beratungen und Überlegungen, die Intrigen und die Rankünen im dicken Zigarrenrauch. Man glaubt, folgende Begebenheit zu sehen:
Punkt zwölf Uhr mittags. Der Bürgermeister, der Arzt, der Anwalt treffen einander in der Apotheke. Manches Mal werden auch noch andere Herren zugezogen: der Stationsvorstand, zum Beispiel, oder der Schuldirektor. Man trinkt den selbstgebrannten Schnaps des Apothekers, plaudert, geht dann gemeinsam in das Restaurant. Hier trinkt man Bier, ißt ein kleines Krautfleisch oder ein kleines Gulasch, nur, um Appetit zu bekommen. Man erledigt die wichtigsten Fragen der kommunalen Politik, und zwar schnell, vertraulich und autoritär. Danach verläßt man das Restaurant und geht nach Hause, den Nachgeschmack des Gulasches noch auf der Zunge, den Vorgeschmack des Bratens schon am Gaumen.
So ist es in Pinkafeld wohl zugegangen: der Platz, die Straßen, die Häuser, sie alle sind für diese Lebensform erbaut, sind für diesen und keinen anderen Lebensrhythmus geeignet. Im Restaurant gibt es heutzutage freilich tadellose Kellner, doch sorgt auch ein elegant bebrillter Herr für gute Bedienung, die makellose Serviette in der Hand, und auch die Tochter des Hauses scheint bei der Arbeit zu sein, sie, ganz persönlich, langbeinig, flink, mit dunklen Kirschenaugen, im weißen Kittel, hausfraulich waltend und doch nicht ganz ohne jene Mondänität, die ahnen läßt, daß die junge Dame nicht nur in Pinkafeld daheim ist, sondern auch in der großen, weiten Welt, und daß sie bloß aus Höflichkeit, aus Lust und Laune, aus Pflichtgefühl gerade an diesem

Sonntag hausfraulich waltet. — Doch ist es die Pinka, die dort unten fließt. Und nicht die Seine. Sie fließt nach Riedlingsdorf.

Hier liegt das Zwiebelland. Die Riedlingsdorfer sind berühmte Gemüsegärtner gewesen, und sind es immer noch, wenngleich zwei Drittel der Bevölkerung nicht mehr in der Landwirtschaft beschäftigt sind, sondern nach Oberwart in die Arbeit fährt, nach Wien oder eben nach Pinkafeld.

Die Alpen sind fern. Oben, bei Mariasdorf, hat man sie gesehen. Hier fühlt man sie nicht mehr. Das breite Tal öffnet sich gegen Südosten. Jener besorgt und ruhelos umherwandernde Händler der alten Bernsteinstraße hat uns mit seinem behäbigen, schweren Wagen endlich eingeholt. Er ruft nach dem Wirt, läßt seine Gäule versorgen, und setzt sich dann an den Tisch. Und was bestellt er? Ein kleines Gulasch und ein großes Bier. Der Raum ist sauber, die Mägde sind nicht spröde, die Ortschaft scheint wohlhabend. Unser Kaufmann beschließt zu übernachten. Morgen ist Wochenmarkt in Pinkafeld.

Nomaden in Jennersdorf

Ankunft in Jennersdorf an einem Nachmittag im späten Herbst. Feucht liegt das Hügelland im Nieselregen, blaßgrün, aber üppig und fett. Seltsamerweise läßt gerade der schüttere Rest einer welken, zum Teil bereits abgestorbenen Vegetation die Fruchtbarkeit des Bodens spüren.

Die Zeit der Blüte bietet dem Städter ein vorwiegend ästhetisches Erlebnis, und der Zustand der Reife ruft mächtige Assoziationen hervor, ganze Bilderreihen, die letztlich hineinführen in das Erfühlen der eigenen Existenz. Der Trieb, sich zu vermehren, sich zu verewigen, tritt deutlicher hervor. Er fordert Widerspruch heraus. So provoziert der Anblick von Reife — unter einem schwachen Schimmer der Freude — Todesbereitschaft oder Todesangst. Zudem scheint uns die Reife ohne Variabilität zu sein. Wenn die Vollendung erreicht ist, kann nichts mehr noch süßer, noch schwerer, noch farbiger werden.

Jetzt, im späten Herbst, glaubt man, die Güte des Bodens tatsächlich zu erspähen: im schmalzigen Glanz der dunkelbraunen Äcker, in der beinahe bereits sulzigen Fäulnis im Unterholz, in diesem unentwegten lautlosen Rieseln und Huschen, Dampfen und Strömen, Schwanken und Beben. Die Ortschaft liegt inmitten all dieser unzähligen Prozesse des Absterbens und der Wiederge-

Ratloser Jäger Öl auf Holz, 60×73 cm, 1964

Asozialer — Ausschnitt, Öl auf Holz, 1960

burt geordnet und sauber unterhalb des Tafelberges, bereits hell erleuchtet. Beton glitzert im Neonlicht. Die abgestellten Autos, die Auslagen, die Fassaden und selbst noch die Passanten sind Farbflecken im Grau des nebeligen Nieselregens. Die Welt ist heute sicherlich bunter als vor hundertfünfzig Jahren.

In Jennersdorf duftet eines der wichtigsten Gasthäuser des mittleren Europa. Hier ist jeder Tag ein kultisches Fest, jede Mahlzeit eine magische Vereinigung mit der Schöpfung, denn diese offenbart sich hier dem Gaumen und dem Geruchsinn in ihrer gewaltigen, beinahe furchterregenden und letztlich doch so genußreichen Üppigkeit. Eingeweihte behaupten, daß es hier weder einen Ruhetag, noch eine Sperrstunde geben soll, so daß sich das Essen und Trinken in die Länge zieht, Jahre hindurch ohne Unterbrechung: in eine Länge, die nicht mehr meßbar ist mit den armselig knappen Einheiten der Tage oder mit der menschenmäßigen Möglichkeit, den einen Rausch nach einem kurzen Intervall der Nüchternheit an den anderen Rausch anzuschließen. Groß sind in diesem gesegneten Gasthaus die Teller, mächtig die Platten, geräumig die Schüsseln; sorgfältig werden in der Küche die Gewürze überwacht, so daß alle guten, appetitanregenden inneren Säfte hervorgelockt werden, der Gaumen jedoch verschont bleibt von jener Überdosis an Paprika, die nur von törichten oder nachlässigen Köchinnen zu den Speisen gemengt wird. Sogar die Schnäpse schmecken mild, und dabei läßt ihr Gehalt an Alkohol nichts zu wünschen übrig; gerade darin liegt ja die Kunst des Schnapsbrennens: im starken Getränk die Düfte der Frucht zu bewahren! Eine vernünftige Speisenkarte bietet die richtige Auswahl und verwirrt den Leser nicht, sondern konzentriert ihn auf das Wesentlichste der Speisenfolge. Die Weinkarte ist noch frei vom albernen Schnick-Schnack, mit dem poetisch veranlagte Kellner ihre Flaschen lobpreisen; man hat das Gefühl, diese Weine sind ordentlich durchgekostet worden, sind verläßlich und in manchen Fällen sogar einzigartig —

und in der Tat bekommt der Reisende, der aus der kühlen Feuchtigkeit des Herbsttages hereintritt, einen blaßgoldenen Riesling eingeschenkt, der die Erinnerung an die heiteren Stunden der Nachdenklichkeit aufsteigen läßt und zugleich die Hoffnung erweckt, die letzte grüblerische Hofiererei sei noch nicht die allerletzte gewesen, denn hinter den Nebelschwaden warten irgendwo neue herbstliche Frauen. Lebhaft, wohlgelaunt, aber niemals zudringlich sind die Zigeuner, die hier spielen, und freundliche Kellnerinnen zeigen ihre Lust am Servieren und geizen dabei nicht mit den fröhlichen Anzeichen einer sehr diskreten Koketterie.

Es ist nun kein Zufall, daß gerade in Jennersdorf ein Gasthaus solcher Qualität entstehen konnte. Einmalige Ereignisse haben meistens weitreichende Gründe. Die Tüchtigkeit eines Wirtes kann sicherlich eine Rolle spielen, auch vermag der Geschmack einer Wirtin manches zu bewirken. Ja, auch die Gegend muß reich sein an Fleisch, Fisch und Gemüse. Vieles liegt an der Ökonomie. Aber nicht alles. Ein Gasthaus dieser Art braucht die Anerkennung. Es braucht Widerhall. Es braucht, mit einem Wort, Gäste, die das Angebotene auch zu schätzen wissen, ja selbst noch neue Anregungen geben, so daß der dialektische Prozeß zwischen Nachfrage und Angebot in Bewegung kommen kann. Und gerade solche Gäste scheint es in Jennersdorf in großer Zahl zu geben. Das ist hier ein Menschenschlag, der die Miseren der Weltgeschichte meistert. Sehnige, energische, dem Essen und Trinken aus gutem Grund ergebene Männer feiern hier täglich ihre Feste, und die prächtig gewachsenen, weiblich anmutigen Frauen wollen ihre Leidenschaften ebenfalls nicht verleugnen. Wir befinden uns im Grenzland. Vier Länder und zwei Welten treffen einander hier. Ja, sie *treffen* einander: die zentripetale Kraft ist stärker als die zentrifugale. Die Verschiedenheiten ergeben keinen Zerfall, sondern produzieren durch Verschmelzung neue Qualitäten. Die zwei Welten, die sich hier ineinanderfügen, sind: die pannonische Ebene und die Alpen. In der Umgebung von Jennersdorf wird der allzu flüchtige Blick weder die Nähe des Flachlandes, noch die des Hochgebirges gleich erfassen. Hier sind die Hügel rundlich, mit Wald bestanden, und in den Niederungen liegt reiches Ackerland. Auf dem Tafelberg hat es früher einmal sogar Wein gegeben. Grüne Kuppen und Kuhlen sind auch südlich und südwestlich der Raab zu sehen, bei den Slowenen, in der Steiermark; und selbst gegen Osten, in Ungarn, ist das Land nicht ganz flach. Aber die Raab führt alpines Wasser. Wenn man von Osten her ungefähr die Raab entlang auf Jennersdorf zufährt, wenn man den Abstecher nicht scheut nach Neuhaus am Klausenbach, dann wird man diesen Übertritt aus einer Sphäre in die andere erleben können: dieses Abenteuer all der leicht bewaffneten, schnellen und schlauen Reiter, die die Erfahrung Asiens mit sich brachten in ihren Erinnerungen und freilich auch in den Sitten und Leitbildern der Väter.

Zwischen Melancholie und triebhaft tatendurstiger Aktivität schwankend haben sie das Leben verbracht, vor ihren Zelten sitzend und den Himmel betrachtend, oder aber auf Wanderschaft mit ihren Herden, im ewigen Krieg um die Weideplätze. Sie ritten eines Tages gegen Westen, immer gegen Westen, und das Wasser des Flusses war nun kälter, und nächtens strömte über der Lagerstätte schwer und feucht die Luft, und der Nebel wollte morgens nicht zerfließen, sondern lag selbst im Sonnenschein noch über den Niederungen, und was von Menschenhand gebaut war, das war aus Stein erbaut. Es brannte nicht. Die Türschlösser waren aus solidem Metall. Was aus den Bergen kam, war gut bewaffnet, schwer beweglich, aber wohl gerüstet. Und eines Tages sah man in der Ferne auf einem Gipfel etwas Schnee. Nun erst mußte man die Zähne zusammenbeißen, die Vorsicht und die kriegerische List der Vorväter hervorkramen, um auch noch diese neue Welt zu erobern — das Unglaubliche, ja, das Ungeahnte. Nachts wurde Aufklärung betrieben. Nach Sonnenaufgang kam es dann zum An-

griff. Danach war man wieder verschwunden. Oder tot. Tagsüber schlief man in den Wäldern.
Jennersdorf liegt an einer unsichtbaren Grenze. Die Leute hier haben Slawisches, Germanisches, Ungarisches erlebt, erlitten und gefeiert. Sie sind Abkommen dieser wandernden Scharen. Sie wissen, daß Leben auszulöschen nicht schwerer ist, als Leben zu erzeugen. Sie haben die Weltgeschichte an der eigenen Haut erfahren. In ihrer Lebenslust trotzt die Vitalität der Versuchung, angesichts all der neuerlichen mörderischen Abenteuer alles hinzuwerfen. Das ist hier uraltes Kulturland und das heißt zugleich: uraltes Kriegsgebiet. Wo die Raab nach Ungarn hinüberfließt, liegt Mogersdorf. Die letzte große Schlacht wurde dort erst vor rund dreihundert Jahren geschlagen, also vor zwölf Generationen. Montecuccoli schlug die Türken. Leicht war das nicht. Der Generalquartiermeister Johann von Stauffenberg beschrieb die Stimmung:
„Alarm, Alarm! Tambour schlag Larm, Larm! Der Feind ist über! Sa, sa, hau, stich, stoß, schlag, schmeiß die Hunde, sa, sa! Die Officir teils liefen von ihren Matratzen: Laquai, Furierschütz! Tambour! Mein Stiefel, mein Schuh her, Corporal auf, auf. Larm, Larm, meinen Diener ruf her, holla, da heraus, heraus, sattle mein Pferd! Wo ist mein Degen? Wo sind meine Pistolen? Lad, Lad, spann, Pulver auf die Pfann! Und eh er halb angezogen, rief er vor Schrecken: Heraus, heraus, heraus, ruckt aus, ihr Hunde tausend Teufel Namen, heraus! Schlag, prügel, hau, stich Corporal...“
Aus Stauffenbergs Tagebuch hat Rilke für seinen berauschenden Kornett die Anregung geholt. So wird behauptet. Westlich von Mogersdorf, in der Ortschaft Weichselbaum hat Montecuccoli einen Teil seines Heeres aufgestellt. Pater Gerardus Hauer hat hier im Jahre 1749 ein Marienbild auf einen Weichselbaum gehängt. Es konnte Wunder bewirken. Und wieder etwas weiter gegen Westen, in Neumarkt an der Raab, steht das Schloß der Batthyány auf einem Hügel, streng, geräumig, quad-

ratisch, Sitz großer Herren, ohne Zweifel; und noch etwas weiter, in St. Martin hat der Lyriker Josef Reichl gelebt. Zwischen Mogersdorf und St. Martin fließt die Raab träge dahin; hinter allzu flachen Uferböschungen liegen sumpfige Wiesen. In Jennersdorf konnte man sich dann vor dem Ritt gegen Westen noch einmal sättigen, vielleicht noch ein allerletztes Mal, denn nun begann die Kälte der steirischen Wälder und in ihrer Dunkelheit das unheimliche felsige Weiß des steirischen Gesteins.

Wenn man sich die Zeit nimmt, von Jennersdorf gegen Südwesten zu fahren, nach Neuhaus am Klausenbach, wird man die Region jener Burgen betreten, die erbaut worden sind, um die Grenze zu bewachen, bereits im 12. Jahrhundert — von Burg Neuhaus aus kann man dann hinüberblicken ins Steirische, auf die Burg Kapfenstein, die einst dem Erzbischof von Salzburg gehörte und während der Renaissance zum Bollwerk eines selbstbewußten Mannes wurde, der Sigismund Wolfsauer hieß und seine eigene Politik betrieb für oder gegen den Kaiser, je nach persönlichem Interesse. Eine Zeder steht hinter dem Gemäuer, eine Zeder vom Libanon, von heimkehrenden Kreuzfahrern gepflanzt; und jenseits Zeder und Burg liegt bereits das alpine Heilbad Gleichenberg. Gamsbart, Steireranzug, eventuell auch Lederhosen, hofrätliche Hirschgeweihe und sommerliche Kurmusik prägen beziehungsweise umtönen das Bild des Ortes. In Jennersdorf jedoch herrschen noch kräftigere Sitten. Oder sind die Gebräuche drüben in der Steiermark energischer als hier, im breiten Tal, wo man es sich noch überlegen kann, ob man weiter vordringen will in die Bergwelt, oder lieber in diesem Zwischenbereich verharren möchte, im Niemandsland der sinnlichen, also jederzeit überprüfbaren Freuden?

Jennersdorf fordert zum Bleiben auf. Die vielen Nomaden, die bis hierher geritten sind, blieben zwischen November und März in ihrem Winterquartier. Erst nach der Schneeschmelze zogen sie in die Alpentäler weiter: hinüber in die Schweiz, und dann gegen die reichen

Städte von Burgund. In Jennersdorf kann man behaglich überwintern. Im ewig geöffneten Gasthaus werden standhafte Trinker morgens um sieben mit einem Gulasch belohnt, und es kann geschehen, daß an einem blassen Vormittag ein Geigenspieler etwas Trübsinniges in die halbleeren Gläser hineinfiedelt, während auf dem Herd bereits schwarz und leuchtend die frische Blutwurst brutzelt. Melancholische Gäste werden es an solchen Tagen nicht versäumen, sich am Lächeln der Kellnerin ein wenig zu wärmen.

Heiligenbrunn oder Die Exotik

Der Rausch an einem Wirtshaustisch in der 57. Straße von New York ist nicht anders als der Rausch in einem Weinkeller in Heiligenbrunn bei Güssing, denn erstens werden durch die animierenden Kräfte des Alkohols die wesentlichen Dinge von den unwesentlichen geschieden, so daß im Blickfeld zuletzt nur die Hand übrig bleibt und die Tischplatte und das Glas und die Flasche; und zweitens führt ja der Weg des wirklichen Abenteuers nicht nach außen, sondern nach innen, das heißt, in die endlosen Landschaften der eigenen Erinnerung und auch ins dämmrige Halbbewußtsein unseres geistigen Erbteils. Urgroßväter blicken uns ins Glas, raunen uns etwas ins Ohr aus Mündern, in denen die Backenzähne lautlos irgendwelche längst verschlungenen Speisen mahlen, und alles übrige ist bloß farbige Kulisse! Nie habe ich die Leute verstanden, die im Fremdartigen einen Anreiz finden und sich mit einer Exotik abgeben, in der ja immer nur die gleiche menschliche Misere steckt, mit ein wenig Glückseligkeit vermischt: in allen Zeiten, in allen Gesellschaftsformen und auf allen bunten Inseln der farbenfrohen Romantik. Der kühne Erneuerer der Verhältnisse, der da aufbricht, um uns in ein Paradies auf Erden zu führen, ist desselben Geistes Kind wie der gelangweilte Globetrotter, der an Bord einer Jacht einen Erdteil zu finden trachtet, auf dem es ein ganz neues

Lachen gibt und ein ganz neues Weinen, ein noch nie dagewesenes Genießen und ein alles übertreffendes Frohlocken. Und also wozu dann der Aufbruch?
Diese Frage stellt sich dem Reisenden nach seiner Rückkehr aus Amerika gerade in einem Weinkeller in Heiligenbrunn, denn hierher wurde er durch wärmende Freundschaften und freundliche Zufälle geführt, wohl auch durch die eigene Neugier: viel Verlockendes wurde von der altertümlichen Bauweise dieser Weinkeller berichtet, die gar keine Keller sind, sondern Holzblockbauten, allerdings lehmverschmiert, weißgekalkt und von einem beachtlichen Strohdach geschützt. Nun stehen sie da, die Bauten von Heiligenbrunn, massiv und stabil im gebrochenen Sonnenlicht des späten Nachmittags: Bauten wie sie einst bereits in Indien gestanden sind vor mehr als zweitausend Jahren, nicht eigentlich altertümlich, sondern zweckmäßig auch im ästhetischen Sinn, aus der Landschaft gewachsen, von den Bedürfnissen geformt — nach den Bedürfnissen der Wirtschaft und der Lust. Der Aufbewahrungsraum für Fässer ist von dem Preßhaus getrennt: so wird es von der Zweckmäßigkeit gefordert. Und dennoch bieten die Gegebenheiten der Weinwirtschaft keine befriedigende Erklärung für die Errichtung solcher menschenmäßigen Häuser, die auch durch ihre Proportionen beglücken: durch das richtige Verhältnis zwischen der Ausdehnung des begrenzten Raumes und der Größe des menschlichen Körpers, und weiter noch: durch das Spiel zwischen dem abgegrenzten und dem unabgegrenzten Raum, das heißt, durch dieses Spiel der Ausblicke, die sich durch offene Türen bieten, durch dieses Spiel der Lichtflecke und der Schatten, der Kuppen und Kuhlen, der lehmgelb leuchtenden Wege und gekalkten Wände — durch diese instinktive Scheu und geradezu natürliche Diskretion, die den Abstand zwischen Haus und Haus, Haus und Baum, Haus und Straße bestimmen. Deshalb, ja deshalb fühlt man sich in dieser Umgebung so wohl und außerdem sammeln sich in uns offenbar Kräfte unter der Schwelle der Ratio, Kräfte der Erinne-

rung, die wir selbst nicht verstehen können und eigentlich auch nicht verstehen sollten, denn es handelt sich um atavistische Bilder der biologischen Überlieferung, über jene unumschränkt waltenden Mächte, die den Archetyp geformt haben und immer noch formen — Forschungen von Sigmund Freud und C. G. Jung haben uns gerade auf dieser Ebene der Existenz manches verständlicher gemacht. Wenn wir Lust hätten, diese Erinnerung an das Unbekannte oder nur persönlich Erahnbare auszumalen, müßten wir von langen Fußmärschen erzählen aus entfernten Gebieten Asiens, von jungen Männern, die sich aus ihrer Sippe gelöst haben und aufgebrochen sind gegen Westen, vielleicht von jener Hoffnung geblendet, im fernen Land ein ganz neues Lachen zu finden und ein ganz neues Weinen, ein noch nie dagewesenes Weib und eine alles übertreffende Gottheit — und im Schatten solcher Häuser haben sie sich dann, eines Tages, niedergelassen, und sind dann hineingetreten in die Kühle des Raumes und in die Hitze des Rausches und haben hingefunden zur stützenden Hand eines Stammeshäuptlings und zum beschützenden Schoß seiner Tochter und zur schweigsamen Selbstdisziplin der Sippe.
Ja, warum denn nicht? Im fruchtbaren Burgenland, das offen ist und doch auch eine sanfte Einheit, in diesem Landstreifen zwischen Hochgebirge und Tiefebene ist so vieles zusammengeströmt während all der Jahre und Jahrtausende! Assyrische Händler und Soldaten, in römischem Dienst, sind vom Balkan und vom späten sarazenisch besiedelten Südzipfel der apenninischen Halbinsel herbeimarschiert, schwarzbelockte Männer, die fleischige Nasen hatten, pechschwarz wallende Bärte und verschleierte Blicke; einige von ihnen waren dann, im Krieg gegen Quaden, Markomannen und gegen andere Stämme des Nordens, verwundet worden und bekamen also Haus, Hof und Gut gerade in dieser Gegend, die von Historikern heute mit dem Ausdruck „Veteranenlandschaft" bezeichnet wird, denn in der Umgebung der heutigen Burg Güssing lag damals fruchtbares Ackerland der In-

validen und der Veteranen, die sich in ihren Villen bäuerlich eingerichtet hatten, bei Gefahr jedoch mobilisiert werden konnten als Reserve und verläßliche Miliz, während im fernen Rom, in der aufgedunsenen Metropole, Puppenkaiser mit Popanzen stritten, Götter kamen und alte Götter gingen, beschäftigungslose Menschenmassen von Zeit zu Zeit Wahlgeschenke erhielten und zwischendurch vom Fernsehen, nein, pardon, durch den *direkten* Anblick von dahingemetzelten Tieren, Gladiatoren und Andersgläubigen unterhalten wurden. Während also die Hauptstadt nach und nach verkam, wurde sie hier verteidigt. Immer noch. Und ließ sich dabei behaarte Mägen über den Gürtel hängen, vom Speck des Borstenviehs mannhaft genährt und mit Wein bereits damals gut versorgt. Vielleicht geht die Weinkultur von Heiligenbrunn tatsächlich auf den Weinbau der römischen Veteranen zurück, denn Direktträger sind die meisten Gewächse und also, im Sinne der Weinkunde, gewiß archaisch. Der heilige Brunnen jedoch ist sicherlich vorchristlichen Ursprungs: diese alte Quelle entspringt jetzt vor der Kapelle des Heiligen Ulrich, dessen Kirchweihfest am 4. Juli gefeiert wird: ein in der Tat altes Fest der Freude darüber, daß man der Gnade zuteil wurde, seinen Durst zu stillen.

Um den Durst zu stillen — das will in Heiligenbrunn was heißen, denn nicht ohne Grund sind jene Aufbewahrungsräume für Fässer und jene Preßhäuser so liebevoll ausgestattet. Betagte Männer hantieren hier selbstverloren mit all den Gegenständen der Weinverarbeitung, prüfen Farbe und Geschmack des Getränkes, besuchen einander, um die Weine zu vergleichen, während die jüngeren mißmutig ihre eigenen wirtschaftlichen Probleme erörtern oder aber hineinwachsen in diesen plaudernden Weinkult der Alten — je nach Temperament. Auch Frauen gibt es hier draußen, allerdings seltener, denn Wein ist immer noch vorwiegend Männersache: auch die Weingärten von Heiligenbrunn haben im Jahre 1198 bereits Männern gehört, und zwar aus-

schließlich Männern, nämlich den Ordensbrüdern des Klosters Sankt Gotthard. Sie waren Zisterzienser.
Fremde Reisende und überhaupt Touristen verirren sich nur selten in diese Gegend, obwohl der großartige Kunsthistoriker und früher einmal so weinfreudige Doktor Schmeller in seinem Museum des 20. Jahrhunderts über das Kellerviertel von Heiligenbrunn eine ganze Ausstellung veranstaltet hat, die damals auch viel besucht wurde, besonders von Fachkreisen, aber die sogenannten Fachkreise informieren sich lieber bei Ausstellungen als *in natura,* und außerdem wollen sie ja Bauformen *an sich* studieren und nicht das menschliche Leben, wie es wirklich ist, unregelmäßig und auch unreglementierbar, aufbauend und zerstörend, eitel und selbstsüchtig und dann aus lauter Eitelkeit und Selbstsucht doch auch freigiebig und schöpferisch bis zum Wahnsinn — kurzum, von den sogenannten Fachkreisen bleibt dieses Kellerviertel vorerst noch verschont. Die da kommen, sind entweder Menschen der Umgebung und ihre Bekannten, oder aber Einzelgänger, die diese Landschaft lieben und diese Blutmischung in unmittelbarer Nähe von Jugoslawien und Ungarn: Leute, die hier zu Hause sind, nicht zwar nach den Angaben ihrer Geburtsurkunde, sondern im Geiste. Und außerdem werden auch manche geeichte und immer noch jugendlich ruhelose Trinker den Weg nicht scheuen, denn die Weine von Heiligenbrunn sind in ihrer Freundlichkeit beachtlich, sind milde und ausgewogen, sind fruchtig und vergnüglich, ohne jemals den Anspruch nach verfeinerter Größe zu erheben: sie sind ähnlich der Landschaft, wie sie sich darbietet, wenn man durch das Viereck des kleinen Fensters hinauslugt in den Abend, der nun unbemerkt angebrochen ist, bereits im Widerschein eines erst später sich verdichtenden Lichtes, das auf die Hügel fällt, und zwar in einer Art, daß die sanfte Schwingung der Erhöhung an die rundliche Hüfte einer jungen Frau erinnert, die noch nicht schläft, aber in jedem Augenblick einschlafen könnte, während sich um sie herum die Möbel bereits nach dem Gesetz der

Träume zu schwebenden Visionen gruppieren. Der Wein und die Landschaft und die Hüfte der Schlafenden in ihrem von Visionen durchwehten Zimmer: das alles wird in einem kleinen Raum, im Kellerviertel von Heiligenbrunn zur Einheit. Wir sitzen in einer Kammer und bekommen vom reich bebarteten Hausherrn Speck und Knoblauch gereicht, Schmalz und Zwiebel und Brot, und natürlich auch Salz und Paprika in bauchigen Behältern aus Steingut; zwei Tische haben hier Platz, auf dem einen steht die brennende Kerze, auf dem anderen steht die Petroleumlampe und gibt ein buttergelbes Licht, das so erwärmend ist wie das Leuchten des Heiligenscheins auf sämtlichen bukolischen Bildern der Malerfamilie Bassano; und wenn der Hausherr hinausgeht, um Wein zu holen, nimmt er die Petroleumlampe mit und läßt uns bei Kerzenlicht zurück. Doch wallen da bereits auch andere, kühlere Farben heran, sickern durch das kleine Fenster, Kalkweiß und Blaugrau und ein sehr dunkles, beruhigend schattiges Grün, denn endlich ist es draußen heller als drinnen, und man tritt nun hinaus, um die Seele und den Körper zu erleichtern.
Besonders schamvolle, von merkwürdigen Vorurteilen gezeichnete, von den Verboten des letzten Jahrhunderts beeinflußte Menschen werden ungern wahrnehmen, wie schön es ist, in Heiligenbrunn im Kellerviertel vor einem der Häuser zu stehen und mannhaft aufrecht den nächstbesten Weinstock zu benetzen, dem selbsterzeugten Rauschen zu horchen und nachzusinnen über die Vergänglichkeit jenes aufblitzenden Strahles, all der gewichtigen Minuten, all der hitzigen Debatten und schweigsamen Schwärmereien, ja, nachzudenken über die Beschaffenheit dieser Kreatur, die nun da steht, und die sich offenbar in keiner Weise verändert, ob wir sie nun nach Manhattan transportieren oder in ein zukünftiges Paradies versetzen oder hier, im Kellerviertel von Heiligenbrunn belassen. *Es gibt keine Exotik!* — das müßte man jenen Menschen zuflüstern, die noch bereit sind, über eine Mitteilung nachzudenken. Denn soferne es

eine Exotik gibt, liegt sie in uns selbst, und jene fürwahr erregenden Exoten, die wir zu entdecken haben, sind unsere eigenen Ahnen und unsere persönlichen Dämonen. In diesem Sinne liegt Heiligenbrunn in manchen weinseligen Nächten weitaus ferner als die 57. Straße in New York.

Ortsregister

Inhalt